논술세대 학부모를 위한 고사성어의 재발견

논술세대 학부모를 위한

고사성어의 재발견

1판 1쇄 인쇄　　　2011년 8월 20일
1판 1쇄 발행　　　2011년 9월 5일

지은이 박순홍　**펴낸이** 조헌성　**펴낸곳** (주)미래와경영
편집장 엄진영　**북디자인** 양은정　**마케팅** 류석균
인쇄 해외정판사　**제본** 대산바인텍
주소 서울특별시 구로구 구로동 222-14
대표전화 (02)837-1107　**팩스** (02)837-1108
등록번호 제 16-2128호
홈페이지 http://www.FNM.co.kr

값 12,000원
ISBN 978-89-6287-091-6　13320

논술세대 학부모를 위한

고사성어의 재발견

박순흥 지음

요즘 고사성어라면서 뜨는 말이 있다.

'대략난감'

사실 이 말은 정체불명이다. 하지만 이런 정체불명의 우스개 말에서도 눈여겨보아야 할 점은 있다. 바로 '난감'인데 한자로 쓰면 '難堪'으로 '감당하기가 어렵다'는 의미다.

그야말로 대략 알아차린 사람도 있겠지만 여기서 이야기하고자 하는 바는 물론 의미가 아니다. 「'難'이 들어간 말은 그 뒤에 오는 글자를 먼저 해석한 다음, 그 해석한 내용이 '어렵다'는 식으로 말을 만들면 된다」는 일종의 공식이 아무리 간단한 한문에도 있다는 사실이다. '多(많을 다)'가 들어간 多事多難(다사다난 : 어려운 일이 많았다), '所(바 소)'가 들어간 所信(소신 : 믿는 바) 등도 모두 '난감'과 동일한 공식으로 해결이 가능하다.

이처럼 한문도 일정한 공식을 염두에 두어야 한다. 그리고 그 공식을 약간만 생각하면서 접근하면 한문이란 것도 그렇게 어렵지는 않다는 사실을 알게 된다. 아니 어려운 게 무언가? 재미있다는 사실에 필경 놀라게 될 텐데….

지곡서당(芝谷書堂)을 졸업한 지 20년.

지옥훈련으로 유명한 명문서당을 졸업했으면서 그 흔한 고사성어에 관한 책도 한 권 못 썼냐는 주위의 핀잔도 결코 만만치 않았지만 그 많은 책들 속에 볼 품 없는 내 책 하나를 끼워 넣는 것이 썩 내키지 않아 차일피일 시간만 흘려보냈다. 그랬는데 알고 지내던 도서출판 「미래와경영」의 조헌성 사장님이 "아버지가 딸에게 들려주는 식의 고사성어 책을 한 번 써 보라"는 귀한 아이디어를 주었다. 사실 처음에는 시큰둥했으나 '그것도 괜찮겠다' 정도로 특별한 생각 없이 출발했는데, 정리하면 할수록 재미있고 신기했다. 그 많은 고사성어를 다음과 같이 구분할 수 있었던 것이다.

1. 우선 '之(갈 지)'가 들어간 고사성어

사실상 '之'는 영어의 소유격처럼 '～의'로 해석할 수 있기 때문에 우선 해석이 쉽다. 그리고 이에 해당되는 고사성어의 개수가 무수히 많아 '시작이 반'이라는 말처럼 시작만 해도 이미 고사성어의 많은 부분이 해결된 것 같은 즐거운 기분이 된다.

예) 塞翁之馬(새옹지마 : 변방 늙은이의 말)

2. 숫자가 들어간 고사성어

예) 二桃殺三士(이도살삼사 : 두 개의 복숭아로 세 명의 사람을 죽이다)

3. 두 글자로 구성된 고사성어

예) 推敲(퇴고 : 글을 짓고 여러 번 다듬는 일)

4. 세 글자로 구성된 고사성어

예) 未亡人(아직 죽지 않은 사람)

5. 반대말이 들어가 있는 고사성어

예) 難兄難弟(형이라고 하기도 어렵고 동생이라고 하기도 어렵다)

6. 기타의 고사성어

편의상 기타로 분류했지만 좀 더 세밀하게 구분하면 재미있는 많은 부분들로 나누어질 보물 창고 같은 고사성어들.

예) 刻舟求劍(각주구검 : 배에다 새겨 칼을 찾았다고 하다)

　고사성어의 개수는 아쉽지만 100개로 한정할 수밖에 없었는데, 그 선택된 고사성어 하나 하나에 나와 내 딸 연빈이가 대화로 여행하듯 한 발 한 발 접근하는 방식을 취했다. 그런데 그게 아주 재미있고 감칠맛이 나는 것이었다. 장담하건대 한 번 보기 시작하면 100개의 고사성어를 다 볼 때까지 결코 멈출 수 없을 것이다. 물론 그 진위여부의 판결은 당신의 몫이지만….

　또한 단지 고사성어의 의미를 암기하는 식이 아니라 철두철미 위의 ‘감당’에서처럼 공식들을 근거로 글자 그대로의 뜻을 먼저 파악하도록 했다. 고사성어의 의미를 오래 기억하게 하고, 스스로 한문독해능력을 갖게 한다는 두 마리 토끼를 잡자는 의도에서였지만 ‘良田萬頃不如薄藝隨身(양전만경불여박예수신 : 좋은 밭 백만 이랑 보다 하찮더라도 몸에 익힌 기술이 더 낫다)’란 말처럼 나 또한 물고기를 주기보다 물고기 잡는 법을 가르쳐 주고 싶었기 때문이다.

　다시 한번 말하지만 이 책은 도서출판 「미래와경영」의 조헌성 사장님의 귀한 아이디어가 아니었으면 쓰여지기 어려웠을 것이다. 다시 한번 감사드린다. 그리고 나와 어려운 한문놀음을 하느라 고생한 사랑하는 딸 연빈이, 멋있는 책으로 다듬어준 도서출판 「미래와경영」의 편집부 직원들께도 감사를 드린다.

원주 立書軒(입서헌)에서

竹井(죽정) 박 순 흥(朴順興)

논술세대 학부모를 위한
고사성어 재발견

고사성어 故 事 成 語

|옛 고|일 사|이룰 성|말씀 어 / **옛날 이야기로 이루어진 말**|

연빈 〉 아빠, 선생님이 고사성언지 뭔지를 20개나 써 오래.

  저녁을 먹고 신문을 펴든 나에게 첫째 딸 '연빈' 이가 아주
불만스럽게 말했다.

연빈 〉 근데 고사성어가 뭔지를 알아야 써가든지 말든지 하지. 아빠,
   고사성어가 도대체 뭐야?

  딸아이의 질문에 순간 '어떻게 설명하지' 라는 걱정이 머
리를 스쳤지만, 잠자코 있을 수도 없는 노릇이었다.

아빠 〉 고사성어란 '고사' 와 '성어' 라는 두 단어가 합쳐 이루어진
   말이란다.

내 딴에는 애써 멋있게 한다고 한 말이었는데, 딸애에게는
별로 였나 보다.

연빈〉에이, 그걸 모르는 사람이 어디 있어?

'하긴 그런 너무나 당연한 설명이 너에게 씨가 먹히겠나?'
라고 애써 마음을 다잡으며 말을 이었다.

아빠〉허! 너무 친절해서 탈이었군. 그러나 이 '고사성어(故事成語)=
　　　고사(故事)+성어(成語)'라는 공식을 기억해야 고사성어라는 말
　　　의 의미를 정확히 알 수가 있는 거야.
연빈〉아빠, 그런 게 어디 있어? 고사성어란 뭐다. 이렇게 설명해
　　　주어야 되잖아?"

딸애의 말이 통통 뛰는 듯 굴러 나왔다.

아빠〉그럼 내가 질문을 하나 하지. 우리 연빈이, '사자성어(四字成
　　　語)'란 말 들어봤어?"
연빈〉응.
아빠〉그럼, '사자성어'가 뭐야?
연빈〉사자성어가 고사성어지. 아빠는 그것도 몰라?
아빠〉그래? 그럼, '삼자성어(三字成語)'는? '오자성어(五字成語)'는?
연빈〉그것들도 다 고사성어지.
아빠〉그것 봐. 잘 모르잖아. 그래서 아빠가 고사성어를 '고사'와

‘성어’가 합쳐진 것이라고 한 거야.

연빈 〉 그럼 아빠의 설명에 무슨 특별한 숨은 뜻이 있는 거야?

아빠 〉 이제 무언가 좀 느껴지는 것이 있나보구나. 그래, ‘고사’라는
말은 한자로 ‘故事’라고 쓰는데 우리말로 하면 ‘옛날 이야기’
야. 그리고 ‘성어’는 ‘成語’라고 쓰는데 ‘이루어진 말’이고.

연빈 〉 그럼 ‘옛날 이야기로 이루어진 말’이 ‘고사성어’라는 말이
야?

아빠 〉 그렇지. 바로 그거야.

연빈 〉 그럼 사자성어는 ‘네 글자로 이루어진 말’, 삼자성어는 ‘세
글자로 이루어진 말’, 오자성어는 ‘다섯 글자로 이루어진 말’
이겠네.

아빠 〉 그렇지 바로 그거야. 글자의 수와는 상관없이 그 말 가운데 옛
날 이야기, 즉 고사가 들어가 있으면 고사성어라고 하는 거야.

연빈 〉 알겠다. 근데 ‘고사’가 들어있는지 어떻게 알지? 특별한 방
법이라도 있는 거야, 아빠?

아빠 〉 특별한 방법이랄 것은 없고, ‘어떤 말의 뜻을 글자 그대로 해
석했는데 의미가 분명하지 않을 때 그 말은 고사성어일 가능성
이 많다’라고 생각하는 것이 하나의 방법이라면 방법이겠지.

연빈 〉 알 것 같기도 하긴 한데. 참! 어제 옆집 아저씨와 전화하는 중
에 아빠가 ‘어부지리’라는 말을 자주 하던데 그럼 그 말도 고
사성어야?

아빠 〉 그래, 맞아.

연빈 〉 그럼 그 ‘어부지리(漁父之利)’를 가지고 ‘고사성어’에 대해 설
명해 주면 되겠다.

어부지리 漁父之利

| 고기잡을 어 | 아버지 부 | 갈 지 | 이로울 리 /
| 둘이 다투는 틈을 타서 엉뚱한 제3자가 이익을 가로챔 |

아빠 〉 연빈아, 지난번에 아빠가 고사성어를 뭐라고 했지?

연빈 〉 고사+성어, 즉 옛날 이야기로 이루어진 말.

아빠 〉 잘 기억하고 있구나. 그럼 어떤 말에 '고사' 가 들어있는지를
알려면 어떻게 하라고 했지?

연빈 〉 참내, 먼저 글자 그대로 해석해 보고 의미가 분명하지 않으면
'고사' 가 들어있나 보구나 라고 생각하랬잖아.

아빠 〉 제법인걸. 별 것 아닌 것 같아도 그 사실만 알면 고사성어 공
부는 이미 끝난 거야.

연빈 〉 뭐가 그리 간단해. 다른 애들은 고사성어 공부가 어려워서 죽
겠다고 하는데.

아빠 〉 음, 그것은 공부방법을 제대로 몰라서 그런 거야. 뭐든지 알
면 쉬운 거잖아.
이제부터 아빠가 하라는 대로만 하면 고사성어 공부가 얼마
나 쉬운지 금방 알게 될 거야.

그런 의미에서도 이 '어부지리'는 아주 잘 선택된 놈이지.

연빈 〉 아빠, 도대체 무슨 소리야? 나는 하나도 모르겠는데.

아빠 〉 우선 '어부지리(漁父之利)'를 글자 그대로 해석하면 '어부의 이
익'인데 그 이유를 알겠어?

연빈 〉 글쎄, 아무래도 '지(之)'자가 문제인 것 같아. 나는 '갈 지'라
고만 외웠는데….

아빠 〉 바로 그거야. 이 '之'에는 '…의'라는 뜻이 있기 때문에 그렇
게 해석되는 거야.

연빈 〉 에이, 바로 그거였구나. 그렇다면 간단하지. 근데 '之'는 다
'…의'라고 해석하는 거야?

아빠 〉 그거야 그~때 그~때 다르지. 하지만 거의 그렇다고 봐도 괜
찮아. 여하간 '어부의 이익'이라고 해석했지?
그런데 이게 무슨 의미인지 분명하지 않잖아. 바로 그래서 다
음과 같은 옛날 이야기가 필요하게 되는 거지.

때는 중국의 전국시대. 북동쪽에 위치한 연(燕)나라는 서쪽
으로는 조(趙)나라, 남쪽으로는 제(齊)나라에 접해 어려움을
당하고 있었다. 어느 해 연나라가 기근 ^{먹을게 없어 굶주리는 상태}으로 어렵
게 되자 조나라가 침략을 하려고 했다.

당시 연나라는 전력을 다해 제나라를 상대하고 있던 상황
인지라 조나라와 싸울 수 있는 형편이 되지 못했다.

할 수 없이 조나라 혜문왕을 설득하기 위해 소대(蘇代, ^{합종책으로}
^{유명한 소진의 동생. 말솜씨와 책략이 뛰어남})라는 사람을 초청하게 되는데, '어부지

리’라는 고사는 바로 그 소대가 조나라 왕을 만나 설득하는 과정에서 지어낸 다음과 같은 이야기로부터 나오게 된다.

"제가 이곳으로 오면서 역수(易水, 중국 하북성 북부를 흐르는 강)를 건너자니 강변에서 무명조개 백합. 민물조개의 일종가 입을 벌리고 햇볕을 쪼이고 있더군요. 그 때 도요새 비가 오는 것을 미리 아는 새가 무심코 무명조개의 살을 쪼게 되었는데, 깜짝 놀란 무명조개가 급히 껍질을 닫느라 도요새의 부리가 그 껍질에 끼이게 되었습니다.

어떻게 될까 궁금하여 발걸음을 멈추고 보고 있으려니 '이대로 있으면 오늘도 내일도 비가 오지 않아 너는 말라죽을 수밖에 없다'라고 도요새가 말하더군요.

그러자 무명조개도 지지 않고 '내가 오늘도 내일도 놓지 않으면 너는 죽는다'라면서 화해할 생각은 않고 말다툼만 하고 있었습니다. 그러저러한 차에 지나가던 어부가 이 광경을 보고 두 놈을 다 어망 물고기를 담는 그물에 담아 가 버리더군요.

이 때 제 머리 속을 스치는 생각이 있었습니다. 왕께서 지금 연나라를 공격하실 생각이신가 본데, 연나라가 무명조개라면 조나라는 도요새입니다. 연나라와 조나라가 헛되이 다투다가는 저 강대한 진(秦)나라가 어부가 되어 힘도 들이지 않고 두 나라를 집어삼킬 겁니다. 왕께서는 깊이 헤아리시기 바랍니다."

연빈 〉 야, 멋있다. 그래서 결과는? 결과는?

아빠 〉 그거야 당연하지 않겠냐! 아주 바보가 아닌 바에야 그 의미를 모를 수는 없지.

여하간 결과는 해피엔딩(Happy ending)이야. 바로 여기서 '쌍방이 다투는 사이 제 3자가 힘들이지 않고 이득을 취한다' 는 의미의 '어부지리' 가 나오게 되었어.

연빈 〉 아, 그렇구나.

참 그런데 아까 '고사성어' 를 공부하는 비법 같은 것이 있는 것처럼 말했는데 정말 비법이 있는 거예요?

아빠 〉 암, 있고 말고.

연빈 〉 그럼 빨리 그 비법을 가르쳐줘야지. 나도 애들한테 폼 좀 잡게.

아빠 〉 워낙 비법이란 것이 본래 간단한 거야. 전체를 대략 살펴보는 눈이 있으면 되는데, 아빠가 살펴본 바에 의하면 고사성어 중 많은 부분이 '지(之)' 가 들어가더란 말이야.

그렇다면 이 '지(之)' 가 들어가는 고사성어들을 우선 정복해 버리면 공부할 부분이 많이 줄어들잖아. 그것이 바로 비법이지.

연빈 〉 아빤 순 엉터리. 그게 무슨 비법이야!

아빠 〉 무슨 소리, 그것이야말로 아주 대단한 비법이지.

그것이 비법임을 증명하기 위해서 앞으로 당분간 '지(之)' 자가 들어간 고사성어들만을 죽 훑어보기로 하자.

그 첫째 번 순서로 '타산지석(他山之石)'.

타산지석 他山之石

|남 타|뫼 산|갈 지|돌 석/

| 다른 사람의 하찮은 언행일지라도 자신의 학덕을 연마하는 데
도움이 됨 |

연빈 〉 어. 이건 글자들이 쉽네. 他(남 타), 山(뫼 산). 之(갈 지), 石(돌 석).
그렇다면 '남의 산의 돌' 이 되겠다.

아빠 〉 우리 연빈이가 이제 제법인걸.
물론 글자가 쉬워 글자 그대로의 해석은 아무 것도 아니지.
하지만 그 의미를 아는 것은 결코 만만치 않을 걸.

연빈 〉 정말 그래. 뜻은 간단한데, 무슨 의미인지 전혀 알아먹을 수
가 없어.

아빠 〉 당연하지. 옛날 사람들이 배우고 암송했던 「학명(鶴鳴 ; 학이 우
네)」이라는 제목의 시를 알아야 되기 때문이야.

이 「학명」은 흔히 사서삼경(四書三經)이라고 불리는 7권의
책(논어, 대학, 중용, 맹자, 시경, 서경, 주역) 중에서 시만을 모아놓
은 『시경(詩經)』에 나오는데, 그 내용은 다음과 같다.

학이 깊은 산 속 연못에서 울지만 그 소리는 멀리 들에도 들린다
연못 깊이 숨어사는 물고기도 때론 물가에 나와 놀기도 한다
동산에서 즐겁게 쉬고 싶어도 의지하고 싶 한 그루의 박달나무는
그 밑에 더러운 낙엽이 흩어져서 그럴 수 없다지만
남의 산의 돌로도 숫돌을 만들 수 있는 법이다

학이 깊은 산 속 연못에서 울지만 그 소리는 높이 하늘에도 들린다
물가에 나와 노는 물고기도 때론 연못 깊이 숨기도 한다
저기 동산에서 즐겁게 쉬고 싶어도 의지하고 싶 한 그루의 박달나무는
그 밑에 나쁜 나무만 있어 그럴 수 없다지만
남의 산의 돌로도 구슬을 다듬을 수 있는 법이다

이 시의 내용 중 '남의 산의 돌로도 숫돌을 만들 수 있는 법이다'와 '남의 산의 돌로도 구슬을 다듬을 수 있는 법이다'가 이 고사 '타산지석'이 나오게 된 배경인데, 원문을 보게 되면 각각 '他山之石 可以爲錯(타산지석 가이위착)', '他山之石 可以攻玉(타산지석 가이공옥)'으로 되어있다.

그러나 '他山之石 可以攻玉'이 주로 사용되었는데, '석(石)'을 '소인-시원치 않은 인간', '옥(玉)'을 '군자-괜찮은 인간'으로 대비시킬 경우 '괜찮은 인간이라고 자부하는 사람도 별로 시원치 않다고 업신여김을 받는 사람에게서 배울 것이 많은 법'이라고 해석하는데 더 적합했기 때문이었을 것이다.

여하간 지금말로 하면 '남의 꼬락서니를 잘 보고 내 꼬락서니도 신경 써라' 정도가 될 수 있겠다.

연빈 〉 참 내, 이제부터는 싫어도 다른 아이들의 단점까지 신경을 써야 되겠네.

아빠 〉 그렇게 투덜댈 필요 없어. 그런 자세야말로 모든 일에 임하는 기본이야, 기본!

연빈 〉 알았어요. 그건 그렇고 다음에는 어떤 고사성어예요?

아빠 〉 기왕에 '石(돌 석)'이 나왔으니까, '석'이 들어가는 '금석지교 (金石之交)'를 보기로 하자.

· 노마지지 (老馬之智 ; 늙을 노, 말 마, 갈 지, 슬기 지)

금석지교 金石之交

| 쇠 금 | 돌 석 | 갈 지 | 사귈 교 / **쇠와 돌처럼 굳은 사귐** |

아빠 〉 '쇠와 돌의 사귐'. 이렇게 해석되는 것이야 이제 분명히 알겠
지?

연빈 〉 응. 그런데 쇠하고 돌하고 어떻게 사귀지?

아빠 〉 그래, 약간 이상하지. 그래서 이런 경우는 보는 방법을 달리
해서 쇠와 돌의 특징을 신경 써야 되는 거야.

연빈 〉 특징? 아! 단단한 것.

아빠 〉 바로 그거야. 그렇게 볼 수 있으면 이 말의 의미는 간단히 알
수 있지.
즉, '쇠와 돌처럼 단단한 사귐'을 가리켜 '금석지교'라 한다
는 거야.

연빈 〉 그러면 이 말은 고사성어가 아니잖아?

아빠 〉 글쎄, 엄밀하게 보면 그렇다고도 할 수 있지.
하지만 다음과 같은 아빠의 설명을 듣게 되면 약간 생각이 달
라질 수도 있겠지.

『주역 _{유교의 경전 중 3경의 하나}』이라면 흔히 점치는 책으로 알려져 있다.

그러나 이 점치는 책을 철학서로 만든 일등공신이 있는데 그것이 바로 주역 전체에 대한 주제 혹은 대의를 설명하고 있는 「계사전(繫辭傳)」이라고 하는 부분이다.

이 계사전은 상편, 하편 두 부분으로 되어있는데, 그 상편에 다음과 같은 말이 나온다.

> 두 사람이 마음을 같이 하면 그 날카로움이 쇠를 자를 수 있고,
> 마음을 함께 하여 하는 말은 그 향기가 난초와 같다.

이 구절을 한문 원문으로 보면 '二人同心 其利斷金(이인동심 기리단금), 同心之言 其臭如蘭(동심지언 기취여란)'이 되는데, 바로 여기서 '쇠를 자를 정도의 단단한 사귐'이라는 의미의 '단금지교(斷金之交)'가 나오게 된다.

바로 이 내용에 근거를 두고 동양에서는 오래 전부터 '단단한 우정'을 '쇠나 돌'에, '고상한 사귐'을 '난초'에 비유해 왔다.

그렇다면 '단금지교(斷金之交)'는 '쇠를 자를 정도의 확실하고 단단한 사귐', '금석지교(金石之交)'는 '쇠와 돌처럼 단단한 사귐', '금란지교(金蘭之交)'는 '쇠처럼 단단하고 난초처럼 고상한 사귐'이라는 의미가 된다는 것은 너무나 당연하다 하겠다.

연빈 〉 아! 그렇구나.

결국은 '금석지교' 하나로 '단금지교', '금란지교' 두 개를
더 알게 되었네.

아빠 〉 그래. 할 수만 있다면 같은 의미의 고사성어를 함께 연결시켜
공부하는 것도 하나의 공부비법이겠지.

연빈 〉 아빠, 그럼 '지(之)'가 들어가면서 '친구 사귐'에 관한 내용의
고사성어들을 설명해 주면 좋겠다.

아빠 〉 그러자꾸나.

그럼 이 번엔 '막역지우(莫逆之友)'로 하자.

동의어

· 단금지교 (斷金之交 ; 자를 단, 쇠 금, 갈 지, 사귈 교)
· 금란지교 (金蘭之交 ; 쇠 금. 난초 난, 갈 지, 사귈 교)

막역지우 莫逆之友

|말 막|거스릴 역|갈 지|벗 우 / **허물없이 친한 친구** |

연빈 〉 아빠 '막(莫)'이 무슨 뜻이야?

아빠 〉 아, 그 글자 때문에 해석을 못하는 구나.

'막(莫)'은 우리가 '말 막'이라고 외우는데 '다음에 오는 말을
부정하는 역할을 한다'고 기억해 두면 좋아.

연빈 〉 그럼 '거슬리지 않는 친구, 거슬림이 없는 친구'가 되는 거
야?

아빠 〉 그렇지. 마음에 거리낌이 없는 사이나 흉허물이 없는 사이일
경우에 이 말을 쓰게 되지.

하지만 그 말이 나온 배경은 단순히 말을 아무렇게나 막 할
수 있는 사이라거나, 행동을 막 해도 괜찮은 사이 정도가 아
니야.

오히려 대단히 오만스러울 정도의 자부심과 서로에 대한 믿
음이 바탕이 된 말이야.

연빈 〉 그것 참 되게 궁금하네!

이 말은 『장자(莊子, 중국 고대의 제자백가 중 도가(道家)의 대표자인 장자의 저서)』라는 책의
「대종사(大宗師)」편에 나오는 두 무리의 대화가 그 배경이다.
하나는 자사, 자여, 자리, 자래 네 사람의 다음과 같은 대화.

"누가 무(無)로써 머리를 삼으며, 삶으로써 등을 삼고, 죽음으로
써 엉덩이를 삼을 수 있겠는가?

누가 생사존망(生死存亡)이 하나임을 알 수 있겠는가? (마음에 거
스름이 없는 우리 같은 친구라야 가능할 수 있겠지) 우리가 더불어 친구가
되어 보자."

다른 하나는 자상호, 맹자반, 자금장 세 사람의 대화.

"누가 사귀지 않음 속에서 사귀고, 무위(無爲, 인위가 보태지지 않은 자연 그대로
의 행위)함 속에서 행하며, 하늘에 올라 안개 속에 노닐고 무한한 우
주 속에 돌아다니며 무한을 즐길 수 있겠는가? (역시 마음에 거스름
이 없는 우리 같은 친구라야 가능할 수 있겠지)"

연빈 〉 참 대단하네. 그러나 너무 잘난 체 하는 거 아냐.

아빠 〉 하하. 뭐 그런 면도 있지만 자부심이 이 정도는 되어야 하는
    것 아니겠니?

연빈 〉 쳇, 기분 나빠.

아빠 〉 너무 그러지 마라. 물론 '막역지우'가 나온 배경이 그렇다는
       것이지.
       지금은 그냥 스스럼없이 지내는 사이라든가, 할 말 못할 말
       다 하는 그런 친구사이에 주로 쓰이잖아.

연빈 〉 그렇다니까 조금 기분이 풀리네.
       여하간 옛날 사람들의 얘기는 뻥이 너무 세단 말이야.

아빠 〉 임마, 뻥이 아냐!
       말이야 바른 말이지만 요즘도 그런 정도의 자부심은 가지고
       공부해야 되는 거잖아. 너무 대충대충 하려고 하는 요즘의 상
       황이 더 문제지.

연빈 〉 알았어. 알았어. 넘어가자고요.

아빠 〉 그래 좋아, 이 번엔 우리가 잘 아는 '관포지교(管鮑之交).'

관포지교 管鮑之交

| 대롱 관 | 절인 어물 포 | 갈 지 | 사귈 교 / **친한 친구 사이의 우정** |

연빈 〉 아빠, 이 고사성어는 글자가 어려워 처음부터 아무 것도 모르겠어.

아빠 〉 그럴 거야. 한문을 공부하면서 가장 어려운 것 중에 하나가 사람의 이름을 알아보는 일인데, 여기서도 '관(管)' 자나 '포(鮑)' 자가 각각 사람의 성이기 때문이야.

연빈 〉 아니, 관(管)과 포(鮑)가 성이라면 그럼 관○○, 포○○란 말이야?

아빠 〉 그렇단다. 관중(管仲)과 포숙(鮑叔)이란 사람을 가리키는 말이지.

연빈 〉 그럼 '관중이라는 사람과 포숙이라는 사람 사이의 우정'이잖아. 뭐 특별한 일이라도 있는 건가?

아빠 〉 아무렴. 그러니까 고사성어가 될 정도지.

연빈 〉 어느 정도 특별한지 궁금하네. 얼른 설명 해 줘!

관중과 포숙은 죽마고우^{아주 친한 친구}로 지냈다. 관중은 집안이 가난해 어려서부터 자주 포숙을 속였지만 포숙은 개의치 않고 끝까지 우정을 유지했다. 후일 포숙은 제나라 공자(公子, ^{귀한 집안의 자식이라는 의미}) '소백(小白, ^{뒤에 제나라 환공})'을 섬기게 되고, 관중은 공자 '규(糾)'를 섬기게 되는데 이 때도 관중은 줄을 잘못 잡아 꼼짝없이 잡혀 죽는 처지에 놓이게 된다. 그러나 포숙의 추천에 의해 소백에게 등용되고 제나라 국무총리가 되어 관중을 전국시대의 패자^{제후들의 우두머리}로 만들게 된다.

이는 사마천의 『사기(史記)』 「관중열전」에 나오는 대강의 스토리지만 정작 '관포지교'의 의미를 실감케 하는 것은 관중이 후일 술회하는 다음의 내용이다.

'내가 포숙과 장사를 같이 할 때 이익을 더 많이 챙기곤 했는데 그는 나를 욕심쟁이라고 하지 않았다. 내가 가난한 것을 알았기 때문이지. 또 그를 위한다고 한 일이 도리어 그를 궁지로 몰아넣었어도 나를 어리석은 자로 취급하지 않았다. 이익이나 손해는 시운(時運, ^{시대나 때의 운수})에 의해 결정됨을 알고 있었기 때문이지.

또 내가 몇 번이고 벼슬길에 나갔다가 쫓겨났어도 나를 무능력자로 취급하지 않았다. 내게 시운이 없었다고 여겼기 때문이지. 또 싸움터에 나갈 때마다 도망쳐 와도 나를 겁쟁이로 취급하지 않았다. 내게 늙은 어머니가 계심을 알고 있었기 때문이지.

또 공자 '규'가 후계자 다툼에서 패했을 때 동료인 '소홀'은 장렬하게 죽고 나는 포로가 되었어도 나를 파렴치한 놈이라고 욕하지 않았다. 내가 진정 부끄러워하는 것은 공명을 천하에 떨치지 못하는 것이라는 사실을 잘 알고 있었기 때문이지. 나를 낳아준 이는 부모지만 나를 진정 알아준 이는 포숙이다.'

연빈 〉 야! 두 사람 다 대단한데. 하지만 관중은 약간 얄미운 것 같
     아.

아빠 〉 하하, 약간 그런 면이 있지.

     그래서 관중의 대단한 능력에도 불구하고 오히려 포숙의 '사
     람을 보는 눈'과 '변치 않는 우정'을 더욱 멋있게 평가하는
     사람들도 많지.

연빈 〉 충분히 그럴 수 있을 것 같아.

     여하간 두 사람의 우정은 대단해….

아빠 〉 그렇지!

     그럼 이 번에는 '수어지교(水魚之交)'에서 또 다른 멋진 사람들
     의 우정을 한 번 보기로 하자.

수어지교 水魚之交

| 물 수 | 물고기 어 | 갈 지 | 사귈 교 / **친밀하여 떨어지기 어려운 우정이나 사귐** |

연빈 〉 '물과 물고기의 사귐'. 뭐 어려운 거 없네.

아빠 〉 그렇지. 간단하지.

그러나 이 고사성어에서는 유비와 제갈공명을 떠올리는 것이 필요해.

연빈 〉 왜? 그냥 물이 없으면 물고기가 살 수 없으니까 그런 아주 밀접한 사귐이라고 알면 되잖아?

아빠 〉 물론 의미는 그래.

하지만 그 유래가 유비와 제갈공명의 사이에서 나왔어. 그러니 그 두 사람 사이에 있었던 일을 알아보는 것이 필요한 거지.

연빈 〉 하긴, 어떤 경우마다 서로가 느끼는 생각이 다를 수가 있으니 자세한 이야기를 알아보는 것이 필요하겠다.

우리에게 멋지게 알려진 삼고초려(三顧草廬, ^{유비가 세 번이나 제갈공명의 초가} 집에 찾아가 도와주기를 간청한 일). 알고 보면 그렇게 한 것도 그만큼 유비의 당시 상황이 다급했다는 증거일 수도 있다.

삼국지를 조금이라도 읽어본 사람이면 잘 알다시피 그때, 중국 양자강 동쪽에서는 손견, 손책, 손권으로 이어지는 손씨가 세력을 착착 쌓아가고 있었고, 황하 유역을 장악하고 있던 조조는 후한의 마지막 황제인 헌제에게 접근하여 실리와 대의명분을 손에 넣으려 하고 있었다.

한 마디로 둘은 잘 나가는 반면 유비는 겨우 형주의 유표에게 의지하고 있는 별 볼일 없는 신세였는데, 그나마 형주를 탐내는 것이 아닌가하는 유표의 아들과 부인의 의심으로 전전긍긍하는 상태였다.

이런 상황에서 서서(徐庶, ^{유비의 부하로 있다가 조조가 자신의 어머니를 인질로 삼은 것을 알고, 유비를} 떠나 조조의 휘하로 들어감)의 권유로 제갈공명을 만난 유비에게, 전후좌우 사정을 낱낱이 지적한 후 '불에 기름을 부은 듯 잘 나가는 북쪽의 조조를 지금 상대하면 불리하니 차라리 기반이 확고한 오(吳)의 손권을 편으로 만들어 놓고 무슨 수를 써서라도 양자강 상류의 촉(蜀)으로 들어가 그 곳을 근거지로 북쪽을 도모하라'고 제언하는 제갈공명은 그야말로 구세주였다.

유비는 즉시 제갈공명을 군사(軍師, ^{주군을 따라다니며 작전이나 계략을 궁리해 내는 사람})로 맞이하여 함께 먹고 함께 잘 정도로 애지중지하게 된다. 그러자 일찍이 도원결의(桃園結義, ^{복숭아밭에서 유비, 관우, 장비가 서로 의형제가 되고자 맹세한} 일)의 주인공들인 관우, 장비가 머리에 피도 안 마른 젊은 놈에게 너무 머리를 조아리는 게 아니냐고 불평을 하게

되는데, 이때 한 유비의 다음의 말이 바로 이 '수어지교'의
유래가 된다.

> "그런 소리들 말게. 물고기는 물이 있어야 비로소 물고기답게
> 되는 것 아닌가! 내가 공명과 지내는 것은 물고기가 물 속에 있는
> 것과 같네. 두 번 다시 이러쿵저러쿵 하지들 말게."

연빈 〉 그 후 어떻게 됐어?

아빠 〉 당연히 공명의 계책대로 촉으로 들어가 남만(南蠻, ^{남쪽 지역의 오랑캐})
　　　을 정벌해서 뒤를 튼튼하게 굳히고 오나라와 함께 조조를 공
　　　격하는 삼국의 싸움이 본격적으로 시작되지.

연빈 〉 아! 수어지교가 본래는 임금과 신하의 끊을 수 없는 사이를
　　　말하는 것이구나.
　　　물론 지금은 아주 깊은 친구관계를 의미하겠지만.

아빠 〉 바로 그거야.
　　　모두가 깊은 친구관계를 말하지만 느낌은 약간씩 다르지. 바
　　　로 그 다른 느낌을 아는 것이 중요해.
　　　그런 의미에서 이 번 차례는 '문경지교(刎頸之交)'.

문경지교 刎頸之交

| 목벨 문 | 목 경 | 갈 지 | 사귈 교 / **죽음을 함께 할 수 있는 막역한 사이** |

연빈 〉 아빠, 글자가 어려워!

아빠 〉 그렇지만 뜻이야 간단하지. 刎(목벨 문), 頸(목 경).

연빈 〉 '목을 베는 친구', 어째 이상한데?

아빠 〉 하하, 당연하지.

한문은 뜻글자라서 쉽게 뜻을 알 수도 있지만 말을 제대로 만들지 못하면 아주 이상한 뜻이 되어버려. 그래서 말을 만들 때 특히 주의해야 해.

이 경우는 '(상대를 위해) 목이 잘릴 정도의 사귐 = 목을 잘려도 (결코 변하지 않는) 사귐'으로 말을 만들어야 해. 그럼 대충 무슨 의미인지 알겠지?

연빈 〉 응. 그렇지만 여기에도 분명 옛날 이야기가 있겠지.

아빠 〉 물론이지.

인상여(藺相如)는 조나라 혜문왕의 신하 무현의 식객(食客, ^{권세가 있는 사람의 집에서 손님으로 지내는 사람})이었는데 '화씨벽(和氏璧, ^{초나라 화씨−변화(卞和)−가 봉황새가 깃든 돌에서 캐낸 옥을 부르는 말인데, 귀중한 보물을 의미})'이라는 구슬을 잘 보존해서 돌아온 공로로 상대부(上大夫)가 되고, 3년 후(BC 280년) 진왕과의 회합에서 수치를 당하는 조왕을 구해준 공으로 일약 상경(上卿)이 되어 당시의 명장 염파(廉頗)보다 지위가 높아지게 된다.

이에 분통이 터질 지경이 된 염파는 공공연히 선언하게 된다.

"나는 그야말로 죽을 둥 살 둥 공을 세웠건만 상여 그 놈은 입씨름만으로 나 보다 위가 되었다. 그 놈은 본래 신분이 천한 놈이다. 그런 놈 밑에 있다는 것은 정말 수치스럽다. 한번 본때를 보여주겠다."

이를 전해들은 인상여는 병 핑계를 대기도 하고, 멀리서 염파를 보기만 해도 수레를 돌리는 등 온갖 방법으로 염파를 피한다. 이에 참지 못한 그의 참모 중 하나가 분통을 터트리게 된다.

"내가 당신을 모신 것은 당신의 높은 의리 때문인데 지금 염파 장군을 피해 다니는 모습은 도가 지나칩니다. 범부(凡夫, ^{평범한 사람})라도 수치를 알진대 당신은 그래도 상경이 아닙니까? 더 이상 그 꼴 볼 수 없어 떠나겠소."

이에 그 부하를 잡으며 인상여가 말했다.

"염파 장군과 진나라의 왕 둘 중 어느 쪽이 무서운가?"

"당연히 진나라 왕이지요."

"그 진왕을 나는 일찍이 진의 조정에서 질책했을 뿐만 아니라 늘어선 신하들도 욕보였었다. 그런 내가 아무려면 염장군을 두려워하겠는가?

생각해 보라. 강국인 진이 우리 조나라를 공격해 오지 않는 것은 염장군과 나 두 사람이 있기 때문일 것이다. 두 마리 호랑이가 싸우면 둘 다 살 수 없는 것으로 내가 염장군을 피하는 것은 국가의 안위를 먼저 생각하고 개인의 원한을 뒤로하기 때문이다."

그 부하가 감격 또 감격해서 용서를 구한 것이야 너무나 당연한 일.

한편, 이 말을 전해들은 염파 장군, 잘못을 사과하기도 쉽지 않은 일이건만 상반신을 벗고 가시막대를 짊어진 채 어떠한 처분이라도 달게 받겠다는 듯 인상여의 집을 찾게 된다.

"정말 죄송합니다. 천한 집 출신이라 미처 대인의 넓고 관대한 마음을 헤아리지 못했습니다."

이후 인상여와 염파는 서로 목숨을 아끼지 않는 사이가 됐다는 『사기』「인상여열전」의 이야기.

연빈 〉 갈수록 멋있는 사람들만 나오네. 으흠 대단해….

아빠 〉 그래. 잘난 사람들의 이야기만 들어도 내 마음이 우쭐거리지. 그리고 왠지 잘 될 것 같지 않니?

다음은 우리가 너무나 잘 알고 있지만 의미를 알면 약간 의외라 여겨질 '죽마지우(竹馬之友).'

죽마지우 竹馬之友

|대 죽|말 마|갈 지|벗 우 / **어릴 때부터 함께 놀며 자란 오래된 친구** |

연빈 〉 죽마지우가 뭐야? '죽마고우(竹馬故友)' 아냐?

아빠 〉 죽마지우나 죽마고우나 그게 그거지 뭐. 여하간 '대나무 말과 관계된 친구사이' 라는 것만은 분명하잖아.

연빈 〉 하긴, 그런데 지금은 '어릴 적부터 아주 친한 사이' 라는 의미인 이 죽마지우에 무슨 다른 의미가 있어?

아빠 〉 다른 의미는 아냐. 여하간 우선 그 유래를 보자.

"관리란 원래 썩어서 구린내가 나는 법이지. 돈은 쓰레기구."

이렇게 말하면서 십 년 동안 시묘(侍墓, ^{조상의 묘를 돌봄})를 하면서 벼슬길에 나서지 않던 진나라 은호(殷浩). 왕의 간절한 부탁을 거절치 못해 마침내 건무장군 양주자사가 되어 벼슬길에 나서게 된다. 이것은 당시 촉 지방을 평정하고 돌아와 그 기세

가 드높았던 환온(桓溫)의 위세를 은근히 두려워한 왕이 환온
에 버금가는 명망가인 은호를 환온에 대한 견제세력으로 삼
으려했던 계책이기도 했다. 이로 인해 두 사람은 서로 반목
하게 되는데, 이는 왕희지의 화해노력으로도 어쩔 수 없는
정도였다.

그 무렵 정세가 중원 회복이 염원인 진나라에 유리하게 전
개되고 있었다. 그래서 은호를 중원장군 겸 양, 예, 서, 연,
청 등 다섯 개 주(州)의 총대장에 임명하여 출발시켰으나 불
행하게도 은호는 무참히 패배하게 된다. 이를 놓칠세라 환온
은 은호의 죄를 왕께 청하고, 서인으로 강등된 은호는 신안
현으로 유배된다.

은호가 귀양간 후 환온이 주위 사람에게 했다는 『진서(晉
書)』「은호전」에 나오는 다음의 말이 바로 '죽마고우=죽마지
우(어릴 때 대나무로 만든 말을 타고 놀던 친한 친구사이)' 의 출처이다.

> "나는 어릴 때 은호와 함께 죽마를 타고 놀았는데, 내가 죽마를
> 버리면 은호는 언제나 그 죽마를 갖곤 했다. 그러니 그가 내 밑으
> 로 도는 것, 즉 나를 이길 수 없는 것이야 당연하겠지."

연빈 〉 어유, 어유. 뭐 좀 이상하네. 친구는 친군데 신경질이 막 나
　　　네.

아빠 〉 뭐 그럴 것 없어. 친구 사이라 해도 여러 가지 차이가 있는 법
이니까!

연빈 〉 이야기가 여기서 끝나는 거야. 뒤에 무슨 이야기 없어?

아빠 〉 왜 없겠냐?

유배지에서 지내는 은호는 아무런 원망도 없이 그저 시나 읊
으면서 돌돌괴사(咄咄怪事 : 아! 괴상한 일이로구나)라는 글자만
손가락으로 쓰고 지냈대. 후에 마음이 약간 누그러진 환온이
은호를 상서령으로 삼으려 편지를 보내게 되었어.

그런데 편지를 받아 본 은호는 기꺼이 승낙한다는 내용을 써
봉투에 넣기는 했는데 혹 잘못되지 않았나 꺼내 살피기를 반
복하다 결국은 빈 봉투를 보내게 되었다는 거야. 화가 치민
환온은 은호와의 관계를 완전히 끊었고 은호는 유배지에서
죽었대.

연빈 〉 어머나, 저런… 저런….

아빠 〉 너무 안타까워할 필요 없어. 원래 어릴 때 부터의 친구는 그
럴 수도 있는 거야. 너도 크면 알아!

여하간 여기까지 '친구 또는 사귐'에 관한 고사성어는 끝내
기로 하자.

그리고 계속 '之'가 들어가는 고사성어를 보자.

'새옹지마(塞翁之馬)부터 다시 시작!

새옹지마 塞翁之馬

| 변방 새 | 늙은이 옹 | 갈 지 | 말 마 / **인생의 길흉화복을 예측할 수 없다는 말** |

아빠 〉 미국에 있는 조지 워싱턴대학 법대에 다니던 1991년, 사고로 혼자 물도 먹을 수 없는 전신마비 장애를 입은 정범진이라는 재미교포가 있지. 나중에 그 장애를 극복하고 뉴욕 브루클린 지방검찰청 최연소 부장검사가 되는데 다음은 그가 한 말이야. "우연히 퀸스의 한 공동묘지를 지나면서 문득 무덤 속의 비좁은 관에서 답답하게 사느니 힘들지만 열심히 도전하면서 살아보자는 생각이 떠올라 죽음의 유혹을 뿌리칠 수 있었다."

연빈 〉 너무나 자랑스럽기도 하지만 무척이나 안타깝고 슬퍼, 아빠.

아빠 〉 그렇지. 바로 이런 경우에 '새옹지마'라는 말을 쓸 수 있는 거야.

연빈 〉 아빠! '말'하고 위의 아저씨 경우가 무슨 상관이 있어? 순 엉터리 같애.

'하긴 사람의 의지와 말이 무슨 상관이 있겠냐는 생각도 들겠지.' 생각하니 피식 실소가 나왔다.

아빠 〉 그러니까 '고사성어'지. '새옹지마'를 글자 그대로 해석하면
       '변방(塞 변방 새) 늙은이(翁 늙은이 옹) 의(之 ~의 지) 말(馬 말 마)'이
       되는 것은 이제 분명히 알겠지.

연빈 〉 馬(말 마)는 알겠는데 다른 글자들은 잘 모르겠어. 변방은 뭐
       고, 늙은이는 또 뭐야?

아빠 〉 그럼 국경(國境 : 나라 사이의 경계), 노인(老人 : 늙은 사람)은 알아?

연빈 〉 알지. 중국과 우리나라가 마주하고 있는 곳, 그리고 우리 할
       아버지 같은 분이잖아.

아빠 〉 그래 바로 그 말들과 같은 뜻이야. 여하간 그건 그렇고, '변
       방 늙은이의 말'만 가지고는 무슨 뜻인지 모르겠지. 그래서
       다음과 같은 고사가 필요한 거야.

옛날 중국 변방에 한 늙은이가 살았는데 어느 날, 그 노인의 말이 달아났어. 말이 중요한 재산인지라 무척 실망했을 텐데 그는 태연스레 말했지.

"이 일이 어찌 반드시 불행으로 된다고 단정할 수 있으리."

몇 달 후, 그 말이 늠름하고 젊은 말을 데리고 돌아왔지. 이웃 사람들이 축하하러 몰려들자 그 노인은 말하는 것이었어.

"이 일이 어찌 꼭 기뻐하기만 할 노릇이리요."

노인의 말에 맞추려는 듯 몇 달이 지난 어느 날, 그 말을 타고 놀던 아들이 떨어져 다리를 부러뜨리는 사고가 발생했지.

역시 이웃 사람들이 안됐다는 위로의 말을 아끼지 않자 이

노인이 하는 말.

"아니오, 이 일이 어찌 불행이라고만 말할 수 있으리."

그리고 일년 후, 큰 전쟁이 일어나 마을의 젊은이들이 모두 전쟁터로 나가 십 중의 팔 구는 죽었는데, 노인의 아들은 다리가 부러진 덕분에 목숨을 구하게 되고 대를 이을 수 있었다는 이야기야.

연빈 〉 무슨 뜻이 숨어있는 것 같긴 한데 솔직히 잘 모르겠어.

아빠 〉 그렇지? 고사성어 속의 옛날 이야기가 단순한 이야기가 아니라 생각해 보아야할 필요하고 중요한 뜻을 담은 옛날 이야기라서 그래.

'새옹지마' 도 '회남자' 라는 책에 나오는 말인데 기본 의미는 '사람이 사는 것은 그렇게 기쁜 것도 그렇게 슬픈 것도 아니다.' 지만 여기서 멈추면 안되고 '그러니 모든 것은 자기 자신의 마음먹기에 달렸다' 정도의 의미를 첨부해야 실감이 나지.

연빈 〉 아! 그러니까 이 말이 위에 나온 아저씨의 이야기와 상관이 있는 것 같아, 아빠.

아빠 〉 저런, 우리 연빈이. 제법인걸. 하하하…

그럼 이왕 '말' 이 나왔으니 '말' 이 들어가는 '노마지지(老馬之智)' 를 보도록 하자.

동의어

· 전화위복 (轉禍爲福 ; 굴릴 전, 재앙 화, 될 위, 복 복)

노마지지 老馬之智

|늙을 노|말 마|갈 지|슬기 지 / **아무리 하찮은 것일지라도 저마다 장점을 지니고 있음을 의미**|

연빈 〉 늙은 말의 지혜, 간단하네.

아빠 〉 글쎄, 그렇게 간단할까? 우선 그 유래를 보고 나서 자세한 이야기를 하도록 하자.

관포지교의 주인공 관중이 제나라 환공을 모시고 고죽국(孤竹國)이라는 작은 나라를 정벌할 때의 이야기다.

공격을 시작할 때는 봄이었으나 싸움을 끝내고 돌아올 때는 엄동설한이었다. 게다가 험한 산을 넘고 굽이굽이 골짜기를 돌다보니 돌아오는 길을 잃게 되었다. 설왕설래 의견이 분분한 가운데 이러면 안되겠다 생각한 관중이 결단을 내리게 된다.

"이런 때는 늙은 말이 본능적인 감각으로 길을 찾아내는 법이다."

그리하여 짐을 지고있던 말들 중에서 늙은 말(老馬)을 골라 수레에서 풀어주었다.

말은 잠시 두리번거리더니 잠시 후 어떤 방향을 잡아 걷기 시작했고 그 뒤를 따르던 병사들도 마침내 제대로 된 길을 찾아 행군을 계속할 수 있게 되었다.

아빠 〉 『한비자(韓非子)』라는 책에 나오는 '노마지지'의 유래야. 물론 이 이야기로도 대충 무슨 의미인지는 알겠지?

연빈 〉 그럼 '그런 쓸모가 없어 보이는 늙은 말도 때로는 쓸모가 있다' 뭐 그런 의미야? 그런데 뭔가 부족한 것 같아. 뭐라 꼬집어 말할 수는 없지만….

아빠 〉 허, 이젠 제법인걸. 그런 걸 다 느끼다니.

아닌게 아니라 『한비자』에서는 위의 이야기를 바탕으로 '지금 사람들은 똑똑하지도 못하면서 잘난 체만 한다' 면서 다음과 같은 결론을 내리고 있어. 이 결론 부분을 보게되면 그 의문점이 풀리게 될 거야.

'관중은 성(聖, _{성스러울 정도의 뛰어난 지혜와 기지})했지만 자신의 지혜로 해결되지 않는 경우에 이르면 늙은 말이라도 스승으로 삼는 것을 꺼려하지 않았건만 지금 사람들은 우(愚, _{어리석음})하면서도 성인의 지혜를 스승으로 삼을 줄을 모른다. 이 어찌 크게 잘못된 일이 아니겠는가!'

연빈 〉 아빠, 그럼 '노마지지'의 의미가 뭐든지 안다고 제아무리 잘난 체 해도 지혜가 늙은 말보다 못할 때가 있다라는 의미가 되겠네.

아빠 〉 그래. 아무리 하찮은 인간이라도 장점이나 특징을 가지고 있
다는 말이지.

연빈 〉 전에 공부했던 '타산지석(他山之石)'에도 그런 의미가 포함되
어 있던 것 같은데….

아빠 〉 이런, 이런. 이제 아빠가 오히려 연빈이에게 배워야겠네.

연빈 〉 비행기 그만 태우시고 진도나 나가시죠.

아빠 〉 그러자꾸나. 지혜에 대한 고사를 봤으니 이제 분위기를 바꿔
'의리'에 대한 고사성어를 볼까? '조강지처(糟糠之妻)'라는.

· 노마식도 (老馬識途 ; 늙을 노, 말 마, 알 식, 길 도)
· 노마지교 (老馬之敎 ; 늙을 노, 말 마, 갈 지, 가르칠 교)
· 타산지석 (他山之石 ; 남 타, 뫼 산, 갈 지, 돌 석)

조강지처 糟糠之妻

| 지게미 조 | 겨 강 | 갈 지 | 아내 처 / **가난하게 살며 함께 고생한 아내를 이르는 말** |

연빈 〉 이 말은 글자는 어려워도 의미는 알아. '본래의 부인은 버리면 안 된다' 잖아?

아빠 〉 허, 연빈이. 아빠가 처음에 말한 '고사성어 공부법'을 벌써 잊으셨군. 물론 의미야 그런 의미지. 그러나 우선은 글자 그대로 보아야 한다고 했잖아. '술지게미와 쌀겨(를 같이 먹던)의 부인'이라는 식으로.

연빈 〉 헤~헤, 잊은 건 아닌데 글자가 좀 어려워서….

후한을 세운 광무제 유수(劉秀)에게는 '철중쟁쟁(鐵中錚錚, 많은 쇠 가운데서 좋은 소리를 내는 것이란 뜻으로, 보통 사람 중에서 뛰어난 사람을 일컫는 말)'이라 불리는 걸출한 인물들이 실로 많았는데, 이 이야기의 주인공 송홍(宋弘) 역시 그 중의 하나였다.

광무제의 누이로 미망인이 된 호양공주(湖陽公主)가 당시 대사공(大司空) 벼슬에 있던 송홍을 좋아한 것이 사건의 발단이었는데, 아무리 황제라도 송홍에게 억지를 쓸 수는 없는 노릇이었다.

그래서 술대접을 한다는 핑계로 송홍을 불러내서는(물론 미리 병풍 뒤에 호양공주를 숨겨놓고) 넌지시 마음을 떠보게 된다.

"옛말에 '부하게 되면 친구를 바꾸고, 귀해지면 부인을 바꾼다' 했는데 자네는 그 말을 어떻게 생각하나?"

호양공주에 대한 자신의 마음을 떠보는 것을 눈치챈 송홍은 단호하게 대답한다.

"아닙니다. 저는 '가난하고 천할 때의 친구를 잊으면 안되고, 조강지처는 당에서 내리지 않는다' 라는 말이 진리라고 생각합니다."

이 정도의 말을 듣고도 계속 추근대거나 억지를 쓰는 사람이 있다면 그 사람은 아주 바보거나 아예 사람이 아닐 것이다.

연빈 〉 조강(糟糠)이 '술지게미와 쌀겨?' 그게 뭐야?

아빠 〉 참 너희는 잘 모르겠구나. 쌀로 술을 담글 때 남는 찌꺼기를 술지게미라 하고, 벼를 쌀로 만들 때, 즉 도정할 때 마지막으로 남는 거친 가루를 쌀겨라고 하는데, 아주 보잘 것 없는 음식을 말하는 거야.

그러니 바로 그런 음식을 함께 먹으면서 어려운 시절을 보낸 본 부인을 사정이 좋아졌다고 어찌 버릴 수 있겠느냐는 의미지.

연빈 〉 당연하지. 당연하지.

아빠 〉 하하. 의미에 대해서는 이쯤하면 될 테니까 다른 설명을 약간
하기로 하지.

이 '조강지처'가 나오는 원문은 '糟糠之妻不下堂(조강지처불하
당 : 조강지처는 당에서 내리지 않는 법. 집에서 내치지 않는 법이다)'으로
송홍이 광무제의 의도를 넌지시 거절하면서 하는 말이야.

그는 또 이 말과 함께 '貧賤之交不可忘(빈천지교불가망 : 가난하고
천할 때의 친구를 잊으면 안 된다)' 이라고도 하는데 두 말은 너무나
멋지고 의미가 있어 가능하면 한문 원문으로 기억해 두는 것
이 좋을 거야.

사실 '의리' 라고 하면 남자들끼리의 덕목으로 흔히 생각하는
데 남편과 부인사이의 의리야말로 어찌 보면 반드시 지켜야
할 의리라고 할 수 있겠지.

여하간 의리에 대한 것을 봤으니 다음은 용기에 대한 고사성
어 '당랑지부(螳螂之斧)'.

당랑지부 螳螂之斧

| 사마귀 당 | 사마귀 랑 | 갈 지 | 도끼 부 /
| 자기 분수를 모르고 상대가 되지 않는 사람이나 사물과 대적한
다는 의미 |

연빈 〉 왜 이렇게 어려운 글자들만 나오는 거야.

아빠 〉 어려운 글자가 나온다고 걱정할 필요는 없어. 사실 어려운 글
자가 나오는 한문은 오히려 알기가 쉬워.

연빈 〉 그래요? 그럼 '당랑(螳螂)'이 뭐예요?

아빠 〉 당랑은 우리말로 하면 '사마귀' 야.

연빈 〉 사마귀? 그럼 '사마귀의 도끼'?

아빠 〉 그래. 사마귀가 먹이를 잡으려고 두 발을 머리 위로 쳐드는
모습이 꼭 도끼를 휘두르는 것 같다고 해서 '당랑지부' 라는
말이 생긴 거야.

연빈 〉 그렇다 해도 역시 의미가 분명하지 않잖아. 사마귀의 도끼가
뭐 어쨌다는 거야?

아빠 〉 녀석. 그러니까 옛날 이야기가 필요한 거지.

벌레들의 세계에서야 사마귀의 도끼가 커서 위협이 되겠지만 그 위세가 아무리 강해도 사마귀 보다 덩치가 큰 상대에게야 아무래도 무용지물이겠지.

그러므로 '당랑지부' 란 '약한 자가 자신의 분수나 힘도 모르고 덤비거나 저돌적으로 앞으로 나가는 것' 을 의미한단다.

다음은 이런 의미가 포함된 재미있는 이야기야.

제나라 장공(莊公)이 사냥을 나갔는데 사마귀 한 마리가 금방 수레바퀴에 깔릴 지경인데도 앞발을 치켜들고 장공의 수레에 덤벼들려 하고 있었다. 그 광경을 본 장공이 말했다.

"호, 기세가 대단한 놈이군. 이 벌레의 이름이 무언가?"

마부가 대답했다.

"사마귀라는 벌렌데, 이 놈은 '전진' 만 알지 '후퇴' 는 모릅니다. 자기 힘도 생각지 않고 오직 적에게 덤빌 뿐이지요."

"이 놈이 만약 사람이었다면 아마 둘도 없는 천하의 용사였을 것이다."

고개를 끄덕이며 감탄하던 장공은 수레를 돌려 일부러 사마귀를 피해갔다고 한다.

연빈 〉 아빠, 장공이라는 사람의 이야기는 사마귀가 대단하다는 거야, 아니면 아무 것도 아니라는 거야? 헷갈리잖아.

아빠 〉 헷갈릴 게 뭐가 있어. '자신의 분수도 모르고 까부는 것' 이라는 본래 의미는 당연히 생각하고 있는데. 다만 그런 무모한

용기를 가진 사람들조차도 자신에게는 없다고 한탄하는 듯한
의미도 약간 있단다.

연빈 〉 그럼 아무런 쓸모가 없는 물건이라는 '무용지물(無用之物)'과
같은 의미인가?

아빠 〉 그건 아니지. 오히려 '무용지물을 무용지물인지도 모르면서
그저 쓰고있다'는 의미가 되겠지. 아니, 결과적으로는 비슷
한 의미가 될 수도 있겠다.

그럼 기왕 '무용'이라는 말이 나왔으니 '무용지용(無用之用)'
을 보기로 하자.

· 당랑지위 (螳螂之衛 ; 사마귀 당, 사마귀 랑, 갈 지, 막을 위)
· 약졸쇄갑 (弱卒鎖甲 ; 약할 약, 병졸 졸, 쇠사슬 쇄, 갑옷 갑)

무용지용 無用之用

|없을 무|쓸 용|갈 지|쓸 용 / **쓸모가 없는 것이 도리어 크게 쓰여진다는 의미** |

연빈 〉 '쓸모 없는 쓺.' 이건 좀 말이 되지 않는 것 같은데.

아빠 〉 그것 봐. 글자가 쉬워도 오히려 의미가 어려운 한문이 많다고 했잖아.

이런 좀 억지스럽기까지 한 말들은 주로 도가, 즉 노자나 장자 쪽에서 많이 사용하기 때문에 의미파악이 편하지 않아.

이 '무용지용'만 해도 『장자(莊子, ^{중국 고대 도가의 대표자의 저서})』에 나오는 말로 '쓸모 없는 것으로 보이는 것에 도리어 진정한 쓰임(大用)이 있다' 라는 식으로 말을 해석해야 해.

예를 들면 산의 나무 중에서 쓸모 있는 것은 벌목을 당해 죽지만, 쓸모 없는 것은 쓸모 없다는 그 사실로 인해 벌목을 당하지 않고 목숨을 유지한다는 것이지.

연빈 〉 그것 참 복잡하네. 하지만 약간 이해가 가는 면도 있어. 촛불 같은 것도 자신의 몸을 태우는 짓을 해야만 우리가 그 밝은 빛의 혜택을 보게 되잖아.

아빠 〉 와! 우리 연빈이 굉장한데.

사실 이 말은 장자가 어지러운 세상에서 인의도덕으로 유용한 일을 해보려는 공자를 풍자하려는 의도가 있어. '접여(接輿, 중국 춘추시대 초나라 사람으로 성명은 육통(陸通). 거짓 미친 체하고 세상을 피해 산 광인)'라는 초나라의 미치광이를 내세워서 말이야. 그러니 공자 쪽과는 정반대로 나갈 수밖에. 그래서 더 헷갈리는 거야.

연빈 〉 아빠, 그럼 우리가 흔히 쓰는 '무용'은 아무 소용이 없다는 것과는 다른 거네.

아빠 〉 그렇지. 그래서 그 차이를 명확히 하기 위해 장자는 다음과 같은 이야기를 하고 있는데, 글쎄 확실히 이해가 될지 아니면, 더 헷갈릴지 모르겠다.

장자가 제자와 함께 산길을 걷다 커다란 나무를 보았다. 가지가 무성하고 키가 큰 나무였지만 나무꾼은 거들떠보지도 않았다. 그 나무는 잘라봐도 아무 쓸모가 없기 때문이라는 것이 이유였다.

그러자 장자는 의기양양하게 제자에게 말했다.

"그것 보게. 이 나무는 쓸모 없는 덕분에 자기의 천수를 다할 수가 있는 것이네."

그 날밤 친척집에서 기러기 고기를 대접받게 되었는데, 이번에는 울지 않는 기러기가 쓸모가 없다하여 밥상에 오르게 되었다.

"이게 도대체 어떻게 된 겁니까? 전혀 모르겠습니다. 쓸모

있는 것과 없는 것 중에서 선생님은 도대체 어느 편을 취하
시는 겁니까?"

헷갈리게 된 제자가 물었다.

연빈 〉 갈수록 태산이군.

아빠 〉 그렇지만 대강 어떤 의미인지는 알겠지.

연빈 〉 응.

아빠 〉 사실 '용기'에 대한 고사성어라고 하면서 '勇(날랠 용)' 자가 들
　　　어가는 것이 없었구나.

　　　그러니 이번에는 진짜로 '용(勇)'이 들어가는 '필부지용(匹夫
　　　之勇)'을 보기로 하자.

필부지용 匹夫之勇

|짝 필|지아비 부|갈 지|날랠 용 / **하찮은 용기** |

연빈 〉 오랜만에 쉬운 글자들이 나왔네. '보통 남자(보통 사람)의 용
　　　기.'

아빠 〉 그 내용이 어떠하든 용기라는 것은 대단한 거지.
　　　그러나 옛사람들은 분명한 주관과 철학을 근거로 제대로 된 용
　　　기를 정하고 다른 것은 필부의 용기에 불과하다고 판단했지.

연빈 〉 그 사람들이 누구야?

아빠 〉 맹자(孟子)와 한신(韓信). 바로 그 사람들이 누구의 어떤 부분을
　　　필부의 용기, 즉 하찮은 용기라고 했는지를 알면 '필부지용'
　　　이 무슨 의미인지를 분명히 알 수 있을 거야.

〈1〉 맹자

　　중국 양나라 혜왕이 '외교'에 대해 묻자 『맹자』라는

책에서 맹자는 다음과 같이 말하고 있다.

이 말을 들은 혜왕, 명언이라는 감탄이 절로 흘렀지만 한 편으로 생각하니 맹자의 말을 따르면 자존심이 무지하게 상하는 상황이 될 같아 애매한 핑계를 대게 된다.

하지만 맹자가 누군가?
혜왕의 얄팍한 수를 간파하고는 직격탄을 날리게 된다.

> "왕이여, 소용(小勇)을 좋아해선 안됩니다. 겁을 어루만지며 눈을 부릅뜨고 너 정도는 내 상대가 될 수 없다 하는 것 등은 '필부지용'으로 기껏 한 인간을 상대하는 것에 지나지 않습니다.
> 왕이여! 부디 커다란 용기를 가지도록 하십시오."

〈2〉 한신

유방을 도와 한나라 건국의 일등공신이 된 대장군 한신(韓信). 그 한신이 유방에게 항우를 평가하는 다음과 같은 말에 이 '필부지용'이 나오고 있다.

> "항왕이 대성질타(大聲叱咤 : 큰 소리로 꾸짖다)하면 천인(세상 많은 사람들)이 다 겁을 먹고 주저앉아 버립니다. 대단하지요.
> 그러나 그는 현명한 참모나 장군들에게 완전히 일을 맡기지를 못합니다.
> 그렇기 때문에 항우의 용기는 '필부지용'으로 하찮은 것에 지나지 않는 것입니다."

연빈 〉 분명히 알겠어.

아빠 〉 더 이상의 설명은 필요 없겠지.

그럼 넘어간다. '형설지공(螢雪之功)'으로.

형설지공 螢雪之功

| 개똥벌레 형 | 눈 설 | 갈 지 | 공 공 / **아주 어려운 환경에서 고생하며 공부함** |

아빠 〉 역시 많이 들어본 고사성어지. 어떻게 말을 만들면 될까?

연빈 〉 '반딧불과 눈의 성공', '반딧불과 눈으로 이룬 성공'. 아빠, 이 정도면 될까?

아빠 〉 아주 잘했어. 잘 알다시피 옛날 등잔 기름을 살 수 없을 정도로 가난했던 어떤 사람들 동진시대의 차윤(車胤)과 손강(孫康)이 반딧불과 눈을 등불 삼아 공부했는데, 후일 각각 어사대부, 이부상서로 성공했다는 『손씨세록(孫氏世錄)』이라는 책에 나오는 이야기지.

연빈 〉 이 고사성어는 어릴 때부터 너무 많이 들어서 잘 알고 있어.

아빠 〉 그래. 너무 유명한 내용이지.

그래서 이 번에는 중국 명나라 때의 책인데 요즘말로 개그책이랄 수 있는 『소부(笑府)』에 나오는 내용을 문제 형식으로 소개할게.

물론 차윤과 손강 그 두 사람의 이야기지.

차윤은 반딧불을 주머니에 넣어 그 빛으로 책을 읽었고,
손강은 눈을 쌓아 그 빛으로 책을 읽었다.

어느 날 손강이 차윤의 집을 방문했는데 차윤이 집에 없었
다. 손강이 "어디 가셨느냐?"고 문지기에게 물었다. 과연
그 문지기는 무어라고 대답했을까?

지나 겨울에 방문해준 것에 대한 보답으로 차윤이 손강의
집을 방문했다. 손강은 그 때 멍청히 마당 가운데에 서 있
었다.
"왜 글을 읽지 않고 있느냐?"고 차윤이 물었다.
과연 손강은 무어라고 대답했을까?

연빈 〉 그냥 대답을 써 놓지 왜 뜸을 들여?

아빠 〉 일부러 어렵게 하거나 쓸 데 없는 짓을 하는 것이 아냐.
    시간을 끄는 거지.

연빈 〉 무슨 시간?

아빠 〉 오래 기억에 남을 수 있게 만드는 시간. 다른 것들도 마찬가
    지지만 특히 한문 고사성어는 그 안에 포함된 옛날 이야기가

중요하다고 했잖아.

그래서 이런저런 방법으로 그 이야기에 관계된 내용을 갖고 시간을 끌어주면 아무래도 그 말을 더 분명히 오래도록 기억할 것이라는 것이 아빠의 생각이야.

그래서 이렇게 좀 엉뚱하지만 문제 형식으로 만들어 본 거야. 어려운 문제가 되어서 그런 게 아니고.

연빈 〉 알겠다. 그런 숭고한 뜻이….

아빠 〉 이런 녀석 까불긴.

여하간 답은

[1] 반딧불을 잡으러 가셨습니다.

[2]는 하늘 모양을 보니 어차피 오늘은 눈이 내릴 것 같지 않습니다.

두 사람들의 결과가 해피엔딩(Happy ending)이라 다행이지만 무지 고생한 것은 분명할 테니까 다음의 고사성어는 '도탄지고(塗炭之苦)'로 하자.

도탄지고 塗炭之苦

|진흙 도|숯불 탄|갈 지|괴로울 고 / **백성들의 말할 수 없는
고통을 이르는 말**|

연빈 〉 '진흙탕물과 숯불의(속에 빠진) 고통' 이라고 해석되니 어느 정
도 의미는 짐작이 가네.

아빠 〉 그래. 지독한 고통, 특히 왕(정치, 국가)의 잘못에 의한 백성들
의 어려움을 나타내는 말이야.

지금도 흔히 사용되지만 그 유래는 아주 먼 말인데 『서경(書
經)』이라는 책에 나오지.

연빈 〉 아빠, 『서경』이라면 사서삼경 중의 그 서경?

아빠 〉 그래. 그 서경에 보면 은나라 탕왕이 폭군의 대명사격인 하나
라 걸왕을 토벌하는 이유와 명분을 여러 사람들에게 나타내
는 글들이 있어. '도탄지고' 는 바로 그 글들 중에 나오고 있
는데 자세한 것은 아래에서 보기로 하자.

중국에서 성인이라 추앙되는 요(堯)임금과 순(舜)임금으로
대표되는 하(夏)나라.

희대의 요녀 말희(妹喜)로 인해 주지육림(酒池肉林, ^{연못에 술을 채우고}
^{나무에 고기를 매달아 연회를 즐기는 음란무도한 생활을 단적으로 표현한 말})의 음란한 쾌락에 빠져버린
걸(桀)왕 때에 이르면 이 하나라도 서서히 멸망의 길로 접어
들게 된다.

이 걸왕을 대신해 천하의 주인이 되는 사람이 다음 왕조
은(殷)을 세운 탕(湯)인데, 그 탕에게는 전왕조인 하나라 걸왕
의 폭정을 군대를 일으키는 명분으로 삼아 이미 천명(天命 ; 하
늘의 뜻)이 하나라를 떠나 은나라로 왔다는 사실과 그 정당성
을 증명할 필요가 있었다. 이에 대한 기록이 『서경』「탕서(湯
書)」중의 「탕고(湯誥)」「중훼지고(仲虺之誥)」등의 편에 나오고 있
는데 그 내용들은 다음과 같다.

■ 거병할 때 영지인 박(亳)땅에서 한 출전의 서약 ■

그대들이여, 와서 내 말에 귀를 기울이라! 나는 감히 난을 일으
키려는 것이 아니다. 하나라의 죄가 하늘에 사무쳐 천명으로 이를
토벌코자 하는 것이다.

■ 걸왕을 대파하고 박으로 돌아와 제후에게 한 연설 ■

하왕은 덕을 멸하고 폭위를 떨쳐 그대들 만방의 백성들에게 학
정을 가했다. 견딜 수 없던 그대들은 그 흉포한 피해를 위로는 신
명(神明)에 아래로는 지기(地祇)에 고했다. 천도는 언제나 선에게 복
을 주고 음(淫)에게 화를 미치게 한다. 하늘은 재앙을 하나라에 내
려 이로써 그 죄를 밝혔다.

■ 탕왕의 신하 중훼(仲虺)가 탕왕에게 알리고 또 백성들에게 알
  린 내용 ■

유하혼덕(有夏昏德 ; 하나라가 덕을 어둡게 하여)하여 백성이 도탄(塗
炭 ; 진흙탕물과 숯불)에 떨어졌다.

연빈 〉 아, '도탄에 떨어졌다'에서 바로 '도탄지고'라는 고사성어가
       나오게 된 것이구나.

아빠 〉 바로 그렇지. 다시 정리하면 도(塗)는 진흙탕물, 탄(炭)은 숯불
       이야. 그래서 도탄의 괴로움, 즉 도탄지고란 마치 흙탕물이나
       숯불 속에 떨어진 것 같은 괴로움이란 의미야.
       옛날부터 문헌에 이 '도탄'이 많이 나오는 것을 보면 아마 역
       사라는 것이 어쩌면 백성들의 도탄, 즉 괴로움의 역사였을 지
       도 모르겠다는 생각이 드는구나. 지금도 그 어려움은 계속되
       고 있지만….
       자, 다음은
       역시 어떤 괴로움, 또는 위험에 관한 고사성어인 '누란지위
       (累卵之危).

동의어

· 도지지고 (塗地之苦 ; 진흙 도, 땅 지, 갈 지, 괴로울 고)

누란지위 累卵之危

| 포갤 누 | 알 란 | 갈 지 | 위태할 위 / **알을 쌓아놓은 것처럼 위태로운 형세의 비유** |

아빠 〉누란(累卵)이란 '계란을 쌓다(쌓아 놓다)' 라는 말이야.

연빈 〉계란을 쌓기는 어렵잖아. 설혹 쌓아놓았다 하더라도 언제 무너질 지 모르고.

아빠 〉바로 그래. 그렇게 위험한 상황을 '누란지위(累卵之危)' 또는 '누란지세(累卵之勢)' 라고 하는 거야. 의미는 쉽게 알 수 있지? 그럼 이제 그 말이 나온 배경만 알면 되겠다.

혼란의 극치를 이루던 중국의 전국시대.

위(魏)나라에 범수라는 사람이 살았는데 집이 워낙 가난할 뿐 아니라 도와줄 벼슬아치 하나 없었다. 그래서 우선 고향의 중대부 수가라는 사람에게 의탁해 말단 직위를 얻게 되었다. 어느 해 외교 문제로 수가를 수행하여 제(齊)나라에 갔다가 본의 아니게 수가를 대신해 여러 일을 처리하는 바람에 제나라 사람들의 우러름은 받았지만 수가의 미움을 사게 되었고 귀국해서는 모함으로 변소 속에 처박히는 신세가 되었다.

천신만고 끝에 친구 정안평에게로 도망하여 이름도 장녹이라고 고친 범수, 정안평의 도움으로 때마침 위나라에 온 진(秦)나라 사신 왕계를 따라 진나라로 탈출한다. 이미 범수의 해박한 지식과 경륜에 반한 왕계는 진나라 소왕에게 범수를 적극 추천하는데 다음의 그 추천하는 말에 이 '누란지위'라는 말이 나오고 있다.

"위나라의 장녹 선생은 정말로 천하의 외교관이며 탁월한 정치가입니다.
그 분은 우리 진나라의 정치상황을 '누란의 위기'로 진단하면서 '그러나 나를 받아들여 나의 계책대로 한다면 태평성세를 누릴 수 있을 겁니다.
여러 번 서신을 띄우려했지만 불행히도 기회가 없었소이다'라고 하시기에 신이 선생을 모시고 왔습니다."

아빠 〉 사마천이 쓴 『사기(史記)』「범수전(范雎傳)」에 나오는 '누란지위'의 유래야. 물론 왕계가 이렇게 적극 추천해도 진나라 소왕은 이 밑도 끝도 없고 불손하기 짝이 없는 위나라의 손님을 처음부터 달갑게 여기지는 않았어.

연빈 〉 그럼 어떻게 대접했는데?

아빠 〉 확 내치고 싶었지만 강국 진나라 왕의 체면상 박정하다는 평
　　　 은 들을 수 없었지. 그래서 일단 낮은 자리나마 주어 의식주
　　　 문제는 해결해주게 했지.

연빈 〉 범수가 화가 많이 났겠네.

아빠 〉 물론 그 당시야 그랬을 지 모르지. 그러나 얼마 지나지 않아
　　　 범수의 진가가 나타나기 시작했어. 진나라 왕보다 신하인 왕
　　　 계의 사람 보는 눈이 더 낳았다고 할 수 있겠지.
　　　 다음은 역시 같은 어떤 위험한 경우인 '기호지세(騎虎之勢)'

· 누란지세 (累卵之勢 ; 포갤 누, 알 란, 갈 지, 형세 세)

기호지세 騎虎之勢

아빠 〉 '처현부화소(妻賢夫禍少)' 라는 말이 있지. '아내가 현명하면 남
　　　편에게 재앙이 적다' 라는.

연빈 〉 아빠, '기호지세' 라면 '호랑이를 탄 상황' 이라는 말인데 웬
　　　엉뚱한 말이야.

아빠 〉 물론 기호지세는 '호랑이의 등에 올라탄 상황(처지)' 이라는 말
　　　로 '아주 위험한 처지' 를 의미하는 것은 분명하지. 그러나 그
　　　유래가 현명한 부인과 관계된 것이라서 아빠가 먼저 그런 말
　　　을 한 거야.

연빈 〉 그렇다면 당연히 그에 관한 옛날 이야기를 알아야 되겠네.

아빠 〉 물론이지.

　유비, 조조, 제갈량 등 우리 귀에 익은 인물들이 활동하던
삼국시대를 통일한 위(魏)나라. 이 위나라는 나라 이름을 진

(晉)으로 고치고 천하를 다스린지 약 50년만에 북방 이민족들의 침입으로 망하게 된다. 할 수 없이 진은 남방 양자강 지역으로 내려가 새로운 나라를 세우는데 이를 동진(東晉)이라 했기에 그 전을 서진(西晉)이라 한다.

우선 서진이 있던 지역은 흉노, 갈, 저, 선비, 강의 다섯 이민족, 즉 오호(五胡)의 지배하에 놓이면서 이에 저항하는 한족들과의 대립항쟁으로 약 130년 동안 16개의 나라가 흥망을 거듭하게 되는데 이를 일러 '5호 16국 시대' 라 한다.

한편 동진은 내란으로 얼마 되지 않아 망하고 송(宋), 제(齊), 양(梁), 진(陳) 등의 나라가 이어지게 되는데 이를 남조라 한다.

한편 북쪽은 혼란을 거듭하다 이민족 중 선비족이 후위(後魏 – 북조)를 세운 이후 동위, 서위, 북제, 북주 등으로 나라의 이름이 바뀌면서 이어지게 되는데 이 남북의 상황을 역사는 '남북조시대' 라 한다.

북조, 즉 5호 16국의 마지막은 북주(北周)라는 나라가 장식하는데 기호지세의 고사는 서기 581년 이 북주를 무너뜨려 수(隋)를 세우고, 8년 후 남조의 진까지 멸망시켜 명실상부하게 천하를 통일하는 수나라 문제(文帝) 양견(楊堅)의 부인 독고황후의 말에서 나오고 있다.

북주의 선제(宣帝)가 죽은 호기를 틈타 황제의 지위를 양도받으려는 시도는 아무리 똑똑하고 대담한 양견이라 해도 피를 말릴 정도의 긴장되는 일이었을 것이다. 바로 그 때 온순하게 부덕만 지키고 있던 후일 독고황후가 되는 부인이 사람을 통해 다음과 같은 말을 전하게 된다.

> **"기호지세부득하호**(騎虎之勢不得下虎 ; 호랑이를 타셨으니 도중에서 내릴 수는 없습니다).
>
> 도중에서 내리면 잡혀 먹히고 말 것이기 때문입니다.
>
> 호랑이와 함께 최후까지 가셔야 합니다. 이미 대사에 착수하셨으니 도중에서 꺾여서는 안됩니다.
>
> 반드시 목적을 이루시도록 하십시오."

연빈 〉 햐~, 대단한데. 이 정도면 어떤 남편이라도 용기가 백 배 나겠는걸.

아빠 〉 그렇지? 더 대단한 것은 이민족이 가지고온 800만금이나 되는 패물을 사라고 어떤 사람이 권하자, 이 사람이 했다는 다음과 같은 말이야.

"지금 외적의 침입이 빈번하여 장병들은 방위에 힘쓰느라 정신이 없다. 패물을 살 800만금의 돈이 있으면 우선 공을 세운 장병들에게 나누어주겠다."

정말 외유내강의 본보기라 할만하지.

자, 그럼 여세를 몰아 다음의 '파죽지세(破竹之勢)'로 가기로 하자.

동의어

· 기호난하 (騎虎難下 ; 탈 기, 범 호, 어려울 난, 내릴 하)

파죽지세 破竹之勢

| 깨뜨릴 파 | 대 죽 | 갈 지 | 기세 세 / **세력이 강해 감히 대적할 상대가 없음을 비유하는 말** |

아빠 〉 한문에 보면 대나무에 관계되는 말이 의외로 많아. 중국에 대나무가 많아서 그런가봐.

연빈 〉 맞아. 우리가 공부한 것 중에도 '죽마고우(竹馬故友 ; 대나무로 만든 말을 타고 놀던 어릴 적부터의 친구, 소꿉친구).' 라는 것이 있었어. 그럼 이 파죽지세도 대나무와 관계가 있겠네.

아빠 〉 맞아. 하지만 여기서는 단순히 대나무라기보다는 대나무의 성질에 초점을 맞춘 것이지.

연빈 〉 대나무의 성질이 어떤데?

아빠 〉 대나무는 마디만 한 두 개 잘라내면 칼을 대기만 해도 전체가 죽 갈라지는 성질이 있지.

연빈 〉 아, 그럼 갈라질 때는 거침이 없겠네.

아빠 〉 맞아. 바로 그 모양, 아무런 거리낌없이 한꺼번에 돌진하거나 어떤 일을 해버리는 것을 가리켜 '파죽지세' 라고 하게 된 거야. 물론 그 말을 제일 먼저 쓴 사람이 있지. 아주 오래 전의 사람이지만.

촉(蜀)은 이미 망하고 위(魏)를 이은 진(晉)이 오(吳)와 삼국통
일을 위한 마지막 혈전을 준비하던 시기.

진의 진남대장군(鎭南大將軍) 두예(杜豫)는 양자강을 따라 공격
해온 수군도독(水軍都督) 왕준(王濬)과 합류하여 양자강 유역에
위치한 무창(武昌)을 점령한 후 마지막 작전회의를 하게 된다.

회의석상에서 최후의 공격에 대한 의견제시를 요구받은 장
수들 중 하나가 다음과 같은 어쩌면 당연한 의견을 피력한다.

"지금은 완연한 봄입니다. 강물도 머지않아 범람할 것이므로 이
곳 무창에 더 머무는 것은 좋지 않습니다. 일단 군대를 후퇴시켰
다가 돌아오는 겨울, 얼음이 얼 때에 다시 일제히 진격하는 것이
마땅하다고 생각합니다."

이 말을 듣던 두예는 한 마디로 그 말을 딱 자르면서 다음
과 같이 말하는데 '파죽지세' 란 말은 이 두예의 말에서 나오
고 있다.

"아니, 그렇지 않다. 지금 우리 군사의 사기는 하늘을 찌를 듯
하다. 비유하자면 마치 대나무를 쪼개는 때(破竹之勢)와 같다. 우선
마디마디를 쪼개 놓게되면 다음에는 칼날을 대기만 해도 저절로
쪼개진다. 힘을 들일 필요도 없는 것처럼 왕성한 기세를 타고있다
는 말이다. 이 절호의 기회를 놓칠 수는 없다."

이렇게 말한 두예는 곧이어 공격명령을 내리고 마침내 오의 수도 건업(지금의 남경)을 함락하여 명실상부한 삼국통일의 공을 이루게 된다.

연빈 〉 와! 파죽지세에 대한 이야기라기보다 두예라는 사람의 과감한 결단력에 관한 이야기 같아.

아빠 〉 그렇지. 이 두예는 지혜롭고 대단히 재주가 많았다고 하는데 특히 독서를 좋아해서 전쟁터에서도 늘 책을 읽었다고 해.

연빈 〉 나폴레옹도 그렇다고 하던데.

아빠 〉 나도 그렇게 들은 것 같아. 대단한 사람들은 대부분 독서를 좋아했나 봐.
여하간 그건 그렇고 이번에는 분위기를 약간 바꿔서 '오합지졸(烏合之卒)'을 보기로 하자.

오합지졸 烏合之卒

| 까마귀 오 | 합할 합 | 갈 지 | 병 졸 / **까마귀 떼처럼 아무런 규율이나 통제가 없는 집단** |

연빈 〉 이건 쉽네. 까마귀가 모여있는데 다 합쳐봐야 장군도 아닌 졸개라는 의미일 것 같은데.

아빠 〉 야, 연빈이. 이거 보통 아닌데.

연빈 〉 헤헤, 소가 뒷걸음치다 쥐를 잡은 것이죠. 제가 뭘 알겠어요?

아빠 〉 아냐. 잘했어. 그렇게 말을 만들어 보아야 하는 거야.

한문은 뭐니뭐니해도 '말 만들기'라고 아빠는 생각하거든. 스스로 자꾸 말을 만들려고 노력하다 보면 더 좋은 어휘도 선택하게 되고, 논리도 따져 보려고 하고 아무튼 일석이조(一石二鳥), 아니 일석삼조(一石三鳥)의 효과를 볼 수가 있는 거야. 아 참, 말이 약간 옆길로 샜군.

여하간 이 '오합지졸'은 상대방이 별 볼 일 없는, 다시 말해 어중이떠중이 같은 무리라고 깔보는 의미를 갖는 말이야. 물론 이 말에도 옛날 이야기가 있는 것은 당연하고.

전한(前漢) 말 외척이면서 황제를 죽이고 얼마 후에는 스스로 황제라 일컬으면서 신(新)이라는 나라를 세운 왕망(王莽).

정권을 도둑질하는 데까지는 성공했지만 정치를 잘못하는 바람에 반란군과 도둑들의 봉기를 부채질하게 된다.

이때 왕망의 군대를 연파하며 가장 두각을 나타내게 되는 사람은 후일 후한(後漢)을 세우고 광무제가 되는 유수(劉秀)였는데, 엉뚱하게도 한단을 근거지로 삼고 자신을 성제(成帝)의 아들 유자여라 하는 점쟁이 출신의 왕랑(王郎)이라는 자가 있었다.

군사를 모으고 심지어는 천자 _{하늘의 아들, 임금}라 자칭하면서 자못 기세를 떨치는 왕랑을 당시 경제(景帝)의 아들 유현을 옹립하고 있던 유수의 입장에서는 내버려둘 수가 없었다. 그래서 서기 24년, 왕랑을 정벌하기 위해 유수는 군사를 동원하게 된다.

한편 평상시 유수를 사모하던 하북성 상곡의 태수 경황은 이 소식을 접하고 아들 경엄(耿弇)을 유수의 휘하로 보내고자 한다.

당시 경엄은 21살의 한참 나이로 무용이 출중하고 지혜 역시 남달랐던 대장부였다. 천하에 공을 떨치려는 마음에서 쾌히 승낙하고 유수의 진영으로 출발했는데 도중에 변고가 발생하게 된다. 부하인 손창과 위포 두 사람이 '황제의 혈통'이라는 왕랑의 선전에 혹해 왕랑의 진영으로 가고자 했던 것이다. 화가 치민 경엄이 이 두 사람을 끌어내고 칼을 들이대면

서 하는 다음의 말에서 위의 고사성어 '오합지졸'이 나오고
있다.

> "왕랑은 이름도 없던 도둑인데 감히 황제의 혈통을 사칭하여 난
> 을 일으키고 있는 것이다.
>
> 내가 장안 유수 대사마의 진영에 다녀오고 나서 상곡과 어양의
> 군대를 몰아 태원, 대군 방면으로 나가 별동대를 투입해서 왕랑
> 의 오합지졸 같은 군대를 짓밟으면 마치 썩은 나무처럼 왕랑의 군
> 대는 지리멸렬할 것이고 왕랑 역시 포로로 잡히게 될 것이다.
>
> 너희들이 이런 이치도 모르고 적과 한 패가 된다면 너희 목숨은
> 물론이요 일족 또한 능지처참을 당하게 될 것이다."

연빈 〉 그래서 그 결과는 어떻게 됐어?

아빠 〉 안타깝게도 손창과 위포라는 사람들은 경엄의 얘기를 듣지
　　　 않고 왕랑에게로 가버렸지. 오합지졸을 몰라보고 그들 또한
　　　 오합지졸이 되었다고나 할까?
　　　 반면 경엄은 유수를 도와 공을 세우고 후일 대장군이 되는데,
　　　 오합지졸을 알아본 사람의 복이겠지.
　　　 오합지졸이면 나라가 망하는 것이야 당연할 테니 이번엔 '망
　　　 국지음(亡國之音)"

· 오합지중 (烏合之衆 ; 까마귀 오, 합할 합, 갈 지, 무리 중)

망국지음 亡國之音

|망할 망|나라 국|갈 지|소리 음 / **나라를 망치는 음악으로, 음란하고 사치스러운 음악을 비유**|

연빈 〉 '망한 나라의 음악'. 어 간단한데.

아빠 〉 물론 그렇기도 하지만 '나라를 망하게 하는 음악'이라고도 되겠지. 해석만으로도 의미 파악은 쉽게 되지만 역시 옛날 이야기를 더불어 알아두는 것이 좋아.

주나라가 힘을 잃어 제후들간의 분쟁이 끊임없던 춘추시대. 위(衛)나라 영공(靈公)이 진(晋)나라로 가는 도중 복수(濮水) 근처에서 한 번도 들어본 적이 없는 절묘한 음악을 듣게 되었다. 걷잡을 수 없이 그 음악에 반해버린 영공은 동행한 음악 담당 보좌관에게 그 악보를 복사케 했다.

이윽고 진나라에 도착한 영공은 새로 배운 노래라고 자랑하면서 연주자에게 연주시켜 진나라 평공(平公)에게 들려주었다. 음악을 듣게 된 평공은 곧 사광(師曠)을 불러오게 했다.

사광은 당시 진나라의 유명한 음악인으로 그가 악기를 연주하면 학이 춤추고 구름도 몰려올 정도라는 평을 듣는 명인이었다.

갑작스런 부름을 받고 사광이 허겁지겁 궁중으로 달려왔을 때 마침 음악연주가 절정으로 치달아 위나라 영공이 한창 의기양양해 하고 있었다.

그 곳에 몰려있는 사람들과는 달리 그 새로운 음악이라는 것을 듣게된 사광은 사색이 되어 이 고사성어 '망국지음' 이 나오는 다음의 말을 하게 된다.

연빈 〉 무작정 그렇게 얘기하니 사람들이 놀랐겠네.

아빠 〉 당연하지. 그래서 그 의문을 풀어주기 위해 다음과 같이 그 이유를 설명하지.

다. 지금 여러분께서 듣고 계신 그 곡은 바로 그 사연의 혼이 허공을 떠돌며 연주하고 있는 것입니다.

복수를 지나는 사람들은 망국의 음악이라고 귀를 막고 듣지 않는 지경인데 새로운 음악이라니 천만의 말씀입니다. 중지하십시오.'

연빈 〉 와우! 끔찍했겠다.

아빠 〉 그래. 소름이 끼치고 흥이 깨진 두 임금은 두 번 다시 그 음악을 들을 생각을 하지 않았대.

이 이야기는 『한비자(韓非子)』라는 책의 「십과(十過)」편에 나오는데, 『예기(禮記)』라는 책에도 '상간복상지음망국지음(桑間濮上之音亡國之音 ; 상간의 복수에서 울리는 음악은 나라를 망치는 음악)'이라는 구절이 나오지.

여하간 망국지음이 나라를 망치게 하는 음악 또는 망한 나라의 음악이라는 의미인 것만은 분명해. 현재 우리가 듣고있는 음악 중에도 이와 비슷한 음악이 있지 않을까 한 번 생각해보는 것도 괜찮겠지.

분위기를 확 바꿔보기로 하자.

다음은 효도에 관한 '망운지정(望雲之情).'

망운지정 望雲之情

| 바라볼 망 | 구름 운 | 갈 지 | 인정 정 / **고향의 부모를 그리워하는 자식의 정을 비유** |

연빈 〉 '구름을 바라보는 심정'. 글자들은 간단한데 의미가 뭔지는 정말 모르겠다.

아빠 〉 바로 이런 경우가 고사성어의 대표적인 경우지. 글자 그대로야 이 말이 효도와 관계가 있다고 어떻게 알겠어?

연빈 〉 아냐, 아빠. 구름을 멀리 계신 부모님 보는 심정으로 바라본다고 생각하면 어느 정도 관계가 있는 것도 같은데.

아빠 〉 대단하구나. 이제 고사성어에 대해서는 문제없겠는걸. 바로 그에 관한 이야기가 『구당서(舊唐書)』「적인걸전(狄仁傑傳)」이라는 곳에 나오는데, 그 주인공이 바로 적인걸이라는 대단한 효자야.

당(唐)나라 때 적인걸이라는 사람이 있었는데 범조참군이라는 벼슬에 임명되어 형주라는 곳으로 부임하게 되었다. 그런데 그때 부모님은 함께 가지 못하고 형주로부터 수 천리 떨어진 하양이라는 곳에 머물 수밖에 없었다.

적인걸은 형주에 부임한 후 부모님 생각이 날 때마다 태행산에 올라 쓸쓸히 흘러가는 흰 구름을 하염없이 바라보면서 주위 사람들에게 말하곤 했다 한다.

"나는 우리 부모님을 저 구름 아래 내버려두었다."

그리고는 산 아래를 내려다보며 오랫동안 울다가 구름이 다 흘러간 뒤에야 그 산에서 내려왔다 한다.

아빠 〉 이 이야기로부터 '타향에서 부모님을 그리워하는 자식의 애틋한 심정'을 의미하는 '망운지정' 이라는 말이 나오게 되었지.

연빈 〉 참 대단한 사람이네.

아빠 〉 그렇지? 요새 같으면 아무리 멀어도 보고 싶으면 한 걸음에 달려가 만날 수 있지만 옛날에야 어디 그럴 수가 있었겠니. 그저 마음속으로만 그리워할 수밖에.

연빈 〉 그래도 적인걸이라는 사람은 구름이라도 보며 부모님에 대한 그리움을 달랠 수 있었지만 요즘에야 환경오염이 심해서 구름도 시커멓고 여하간 문제야.

아빠 〉 하하. 과연 환경문제에 관심이 많은 연빈이 다운 생각이구나. 그렇지만 이 이야기는 환경에 관한 문제가 아니라 효도에 관한 문제입니다요….

연빈 〉 알아요. 그냥 한 번 해본 소리예요.

아빠〉기왕에 효도에 관한 말이 나왔으니 그런 고사성어를 하나 더 살펴보기로 하자.

'풍수지탄(風樹之嘆)'이라는. 그리고 그 후에는 이 '嘆(탄식할 탄)'이 나오는 고사성어들을 '맥수지탄(麥秀之嘆), 비육지탄(髀肉之嘆), 망양지탄(望洋之嘆)'의 순서로 살펴보기로 하자.

풍수지탄 風樹之嘆

| 바람 풍 | 나무 수 | 갈 지 | 탄식할 탄 /
| 효도하고자 하나 이미 부모가 돌아가시어 효도할 수 없는 슬픔 |

연빈 〉 바람(風 바람 풍)과 나무(樹 나무 수), 그리고 한탄함(嘆 탄식할 탄).
　　　아무래도 효도하고는 관계가 없는 것 같아, 아빠.
아빠 〉 그렇지? 글자의 뜻만으로는 그 의미를 알 수 없기 때문이야.
　　　다른 그 어떤 설명으로도 의미를 파악할 수가 없어. 오직 옛
　　　날 이야기, 즉 고사가 있어야만 의미를 알 수가 있어.
아빠 〉 그럼 빨리 옛날 이야기를 해 줘, 아빠.

　　공자가 자신의 뜻을 펴려고 이 나라 저 나라를 마치 초상
난 집의 개처럼 돌아다니던 어느 날, 일행은 뜻하지 않게 곡
성 ^{곡하는 소리}을 듣게 된다.
　　그 곡성의 주인공은 '고어' 라는 사람이었는데, 까닭을 물
으니 다음과 같이 말하는 것이었다.
　　"저에게는 세 가지 한이 있습니다. 첫째는 공부를 한답시
고 타향을 떠돌다 돌아와 보니 이미 부모님이 돌아가신 일이

요, 둘째는 내가 배우고 닦은 경륜을 받아들여 써줄 군주를
만나지 못한 일이요, 셋째는 마음을 터놓고 사이좋게 지내던
친구와 사이가 멀어진 것이지요."

이렇게 말하고는 첫째의 한이 가장 심했던지 다음과 같이
덧붙이는데, 이 구절에서 '풍수지탄'이라는 고사성어가 나오
고 있다.

이 원문을 해석하면 '나무는 가만히 있고 싶어하지만 바람
이 가만히 두지 않는 것처럼, 자식이 봉양하고 싶어하지만
부모님이 기다려주지 않는다.'가 되는데, 과연 공자가 감탄
해서 제자들에게 "명심들 하라. 두고두고 훈계로 삼을 말이
로다"라고 했단다.

연빈 〉 헤, 이 말을 듣고 가슴이 뜨끔할 사람 많겠다.

아빠 〉 물론이지. 아빠도 역시 가슴이 뜨끔한 걸. 그래서 그런지 그
당시 이 말을 들은 공자의 제자 중에서 열 세 사람이 부모를
모시러 고향으로 돌아갔다는 구나.

연빈 〉 아빠, 우리나라에도 이런 말을 한 사람이 있다고 하던데?

아빠 〉 그래. 조선시대 문인이자 정치가인 정철이 읊은 시조에 비슷
한 내용이 나오지. 다음은 나라가 없어진 것을 한탄하는 '맥
수지탄(麥秀之嘆)'

맥수지탄 麥秀之嘆

| 보리 맥 | 빼어날 수 | 갈 지 | 탄식할 탄 / **조국이 멸망한 것을
한탄한다는 의미** |

연빈 〉 보리(麥 보리 맥)가 잘 자란 것, 즉 무성한 것(秀 빼어날 수)도 한
탄할(嘆 탄식할 탄) 일인가?

아빠 〉 그거야 어떤 입장에서 보느냐에 따라 다르겠지.

연빈 〉 입장에 따라서라니?

아빠 〉 보통 입장에서야 곡식이 잘 자라면 너무 좋고 감사한 일이겠
지. 그러나 아주 좋은 그 상태가 꼴 보기 싫은 경우도 있는 법
이지. 물론 여기서야 그런 감정은 아니고 한탄스러운, 아니
아쉽고 안타까운 심정이겠지만.

연빈 〉 그렇게 얘기하니 되게 궁금하네. 역시 옛날 얘기를 들어야 하
겠지?

은(殷)나라 주(紂)왕.
하나라 걸왕과 함께 고대 중국의 대표적 폭군이다.

이 주왕에게는 목숨을 걸고 충언을 아끼지 않은 미자, 기자, 비간이라는 세 사람이 있었는데, 서로 다른 결말을 맞이하게 되었다.

우선 동복형제였던 미자는 여러 차례의 간언(諫言, ^{충고하는 말})이 효과가 없자 국외로 망명했고, 기자 역시 망명했지만 폭군이지만 주군의 수치를 타국에 보이기 싫어 거짓으로 미친 체하다 결국은 노예신세가 되고, 왕자였던 비간은 너무 강력한 간언으로 인해 처참한 죽음을 당했다.

후일 은나라가 망하고 주(周)나라 세상이 되자 미자는 은나라의 혈통을 보존한다는 의미에서 송의 국왕으로 봉해졌고, 기자는 주나라 무왕의 자문을 맡다가 후에 조선의 왕에 봉해졌다 한다.

이 '맥수지탄'의 고사는 바로 그 기자가 우연히 은나라의 옛 도읍지를 지나다 읊은 다음과 같은 비가(悲歌, ^{슬픔을 나타낸 노래})에서 나오고 있다. 한 때는 호화롭기가 이를 데 없었던 궁궐터에 보리만 무성한 것을 보고 눈시울이 뜨거워졌을 텐데 행여 남이 볼세라 아마 마음놓고 울지도 못했으리라.

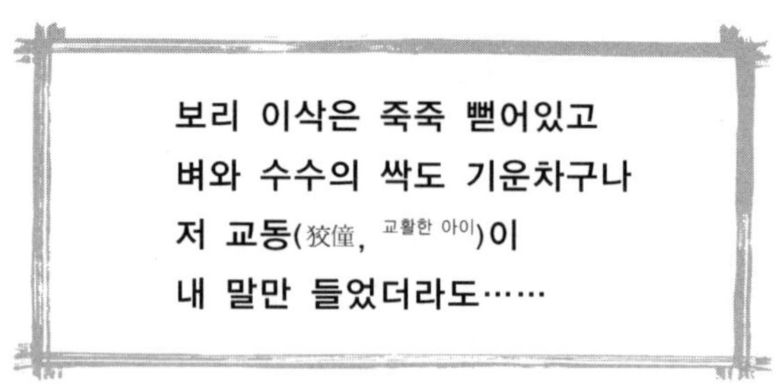

연빈 〉 아빠, 그런데 '교동'이 뭐야?

아빠 〉 그거야 당연히 폭군인 은나라 주왕이지. 간교하고 어리석은
놈이라는 의미에서 그렇게 말을 만들어 부른 거지.

연빈 〉 하긴 안타깝기도 하겠다. 훌륭한 충신들이 목숨을 내놓고 그
렇게 충고해도 듣지 않았으니.

아빠 〉 그래. 망하려면 아무리 좋은 말도 귀에 안 들리는 법이지. 여
하간 맥수지탄은 옛날의 영화롭고 화려한 상태가 황폐해진
것을 탄식하는 의미야.
다음은 살이 찐 것을 한탄하는 '비육지탄(脾肉之嘆).'

동의어

· 맥수지시 (麥秀之詩 ; 보리 맥, 빼어날 수, 갈 지, 시 시)

비육지탄 脾肉之嘆

| 넓적다리 비 | 고기 육 | 갈 지 | 탄식할 탄 /
| 마땅히 해야할 일을 하지 않고 허송세월을 보내는 것을 비유 |

연빈 〉 요즘 다이어트한다고 많은 사람들이 난린데 바로 그와 같은
　　　경우인 거야?

아빠 〉 아빠가 알기 쉽게 말하느라고 '살이 찐 것을 한탄한다'고 했
　　　지만 엄밀히 말하면 '넓적다리 살을 한탄한다'고 해야 되는
　　　거야.

연빈 〉 다이어트에선 더 중요한 게 뱃살인데?

아빠 〉 그러니까 의미가 약간 다르다니까. 다음 옛날 이야기를 들으
　　　면 의미를 정확히 알 수가 있을 거야.

　삼국지에 보면 유비를 가장 두려워한 사람은 조조였을 지
도 모르겠다는 생각이 든다. 유비가 양자강 중류의 요충지 강
릉으로 진출했다는 보고를 듣자 쓰고 있던 붓을 자기도 모르
게 떨어뜨렸다는 이야기가 전해질 정도인 것을 보면 말이야.

그건 그렇고 이야기는 그런 일이 벌어지기 십여 년 전, 유비가 조조에게 쫓겨 형주의 유표에게 의탁하고 있을 때로 거슬러 올라간다.

조조는 원술, 여포, 원소를 격파하고 하북을 장악하고, 이에 맞설 세력으로는 오의 손권이 유일하다 싶을 정도의 상황이었다. 그런데 의탁하고 있는 유표는 겨우 자기 밥그릇이나 챙길 정도의 인물인데다가 자신은 그 유표의 손님신분으로 신야라는 작은 성을 겨우 맡아 지키는 처지에 불과했다.

더구나 나이도 이미 오십 줄에 접어들고 휘하에 관우, 장비 같은 용장들이 있다하나 변변한 기반하나 없는 처지였다. 누구라도 고민되고 자신이 안타깝게 여겨질 상황이었다.

그래서 그 날도 유표와 술자리를 하다 변소에 들른 유비는 자기의 넓적다리에 살이 붙은 것을 발견하게 되었다. 우째 이런 일이! 술자리로 다시 돌아온 유비는 길게 한탄하며 눈물을 흘리게 된다. 놀란 유표가 그 까닭을 묻는데 이 고사, 즉 비육지탄은 바로 다음과 같은 유비의 대답에서 연유하게 된다.

"아! 전에는 언제나 말안장에서 떠난 적이 없어 비육(脾肉 : 넓적다리살)이 쓸려서 하나도 없었는데, 지금은 말을 타지 않아 넓적다리에 살이 붙어버렸군요. 헛된 세월을 보내 이미 노년이 되려 하는데, 언제나 천하에 뜻을 펴게될 지 실로 암담하여 저절로 눈물이 나온 겁니다."

연빈 〉 맞아. 나도 삼국지를 읽어서 잘 알아. 그 때의 유비 신세가 참
처량했어.

아빠 〉 그래. 그러나 이렇게 자기의 비육을 한탄할 정도라면, 요즘말
로 하면 평상시 게으르지 않고 늘 준비한다면 누구라도 다시
심기일전해서 마음을 가다듬을 거야.
물론 그 후로 십 수년의 세월이 걸렸지만 유비가 조조와 손권
에 맞서는 촉의 주인으로 당당히 서게 됐던 것처럼.

연빈 〉 좀 차원은 다르지만 나도 적당히 먹고 살을 좀 빼야겠다. 헤
헤.

아빠 〉 저런 녀석. 이 번에는 살을 뺄 생각만 하지말고 넓게 크게 생
각하라는 의미에서 '망양지탄(望洋之嘆)'을 보기로 하자.

망양지탄 望洋之嘆

| 바라볼 망 | 바다 양 | 갈 지 | 감탄할 탄 /
| 다른 사람의 훌륭함을 보고 자신의 미흡함을 부끄러워한다는 의미 |

연빈 〉 아빠, 지난번에 동해바다에 가서 바다를 바라보니 가슴속이
확 트이는 것 같았어.
시원하고 상쾌하고 기분이 참 좋던데 왜 탄식을 하지? 이상
하네.

아빠 〉 물론 바다를 보면 기분이 좋아지지. 그러나 그 바다를 보면서
자기의 좁았던, 아니 미처 알지 못했던 어떤 사실을 알게 되
는 수도 있잖아. 이 고사성어는 바로 그런 경우에 쓰는 말로
'남의 훌륭함에 감탄하고 자신의 미흡함을 부끄러워한다' 는
의미야.
역시 옛날 이야기를 보면 알게 되는데, 『장자(莊子)』라는 책에
나오는 이야기야.

흔히 신화라면 그리스 · 로마 신화를 말하는데 중국 신화

도 그에 못지 않게 풍부하고 재미가 있다.

이 중국 신화에 나오는 황하의 신 하백(河伯)이 바로 이 고사성어, 즉 망양지탄의 주인공인데 그는 황하 중류에 있는 맹진이라는 곳에서 살면서 한 번도 그 곳을 떠난 적이 없었다 한다.

늘 아침 햇빛이 황하 수면을 황금빛으로 물들이는 광경을 바라보며 "이렇게 큰물은 여기 말고는 달리 아무 데도 없을 거야."라며 스스로 황홀해 했다.

그러던 어느 날, 늘 그래왔듯이 스스로 중얼거리고 있는데 "그건 모르는 말씀입니다."라는 말이 뒤에서 들려오는 것이 아닌가? 돌아보니 늙은 자라였다.

"그럼 황하보다 더 큰물이 있다는 말이냐?"

신경질적으로 묻는 하백의 말에 자라가 대답했다.

"해가 뜨는 쪽에 북해라는 곳이 있는데 크기가 황하의 몇 곱절이 된답니다."

몇 날이 지난 후, 하백은 물줄기를 따라 동쪽으로 가보기로 하고 길을 떠났다. 동쪽으로 한참 가던 하백이 드디어 북해에 도착했는데 바라보니 과연 바다는 끝이 없었다.

이 고사성어, 즉 망양지탄은 부끄러워 몸둘 바를 모르던 하백이 "북해가 무척 넓다는 말은 들었지만 믿지 않았습니다. 이곳에 와서 직접 보지 않았다면 큰물은 천하에 오직 황하밖에 없다고 알고 있던 저의 얕은 소견을 깨닫지 못했을 것입니다." 라고 '바다를 바라보고 북해의 신인 약(若)을 향해 감탄하면서 말했다(망양향약이탄왈, 望洋向若而嘆曰)' 는 부분에서 나오고 있다.

연빈 〉 역시 스스로 깨닫고 반성한다는 것은 좋은 일이야.

아빠 〉 그렇고 말고. 그러니까 북해의 신인 약도 용기를 북돋워주며
칭찬해주는 다음과 같은 말을 했다고 해.

"우물안 개구리가 바다를 모르는 것은 좁은 장소에서만 살고있
기 때문이며 여름 벌레가 얼음을 모르는 것은 여름 밖에 알지 못
하기 때문이지요.
그것은 그들이 일반적인 상식의 가르침에만 구속되어 있기 때
문입니다.
이제 당신은 좁은 개울에서 나와 큰 바다를 보았으니 이제 더불
어 큰 진리에 대해 말할 수 있게 되었습니다, 그려."

연빈 〉 '嘆'이 들어가는 고사성어를 더 공부할 거야?

아빠 〉 아냐. '嘆' 자가 들어가는 고사성어는 이제 그만하고, 위의 내
용 중에 '우물안 개구리'가 나왔으니 다음은 그에 관계된 '정
중지와(井中之蛙)'를 보기로 하자.

정중지와 井中之蛙

| 우물 정 | 가운데 중 | 갈 지 | 개구리 와 / **우물 안 개구리라는 뜻으로 식견이 좁음을 비유** |

연빈 〉 아빠, 우물 가운데의 '蛙'가 뭐야?

아빠 〉 못 보던 글자지? '개구리 와' 자야. 그래서 '우물 속의 개구리'가 되지.

연빈 〉 그렇다면 의미는 간단하겠다. 우물 속에서야 뭘 볼 수 있겠어? 하늘이나 쳐다볼까?

아빠 〉 그래서 좌정관천(坐井觀天 ; 우물 속에 앉아 하늘을 보다)과 같은 의미로 보는 시각, 즉 식견이 좁은 것을 나타내는 말이 되는 거지. 물론 여기에도 고사가 있는데 『후한서(後漢書)』「마원전(馬援傳)」에 나오지.

　마원은 전한 말, 왕망이 신이라는 나라를 세우고 후일 광무제가 되는 유수에 의해 주도되는 후한이 그에 대치되는 형세를 이루는 무렵에 활동한 아주 다양한 이력을 가진 인물이다.

　가문의 형제들과 달리 벼슬길에 나가지 않고 조상의 묘만 지켰던 것도 그렇지만 말단 지방공무원 시절에는 호송 도중

죄수를 불쌍하다고 놓아주고 자신은 도망자가 되는가 하면 사면을 받고는 농업과 목축으로 큰 부자가 되었지만 "부자의 덕은 남에게 베푸는 것. 그렇지 않으면 한낱 수전노일 뿐."이라면서 전 재산을 남에게 나눠주고 자신은 거지가 되어 유리걸식 ^{정처 없이 떠돌아다니며 빌어먹음}하기도 한다.

그러던 그가 이 '정중지와'의 주인공이 된 것은 농서 지방의 실력자 외효의 신임이 두터운 부하가 된 것이 계기였다. 당시 촉 땅에는 공손술(公孫述)이 황제라 칭하면서 위세를 떨치고 있었는데, 그 인물에 대한 정보 수집 차 마원이 파견된다. 본래 공손술과 같은 고향으로 친한 사이였기 때문에 마원은 아름답고 흐뭇한 만남을 기대했지만 현실은 전혀 달랐다.

층계 아래쪽으로 무장병사들을 정렬시키고 짐짓 거만을 떨면서 말하는 것이었다.

"옛 정을 봐서 장군으로 삼아줄 테니 여기서 살게."

크게 실망하고 서둘러 돌아온 마원은 외효에게 다음과 같이 보고하게 된다.

"공손술은 정말로 정와(井蛙. ^{우물 안 개구리})에 불과합니다. 예를 갖춰 인재들을 얻을 생각은 않고 거드름만 피우는 꼴이 자그마한 촉 땅이나 차지하고 뽐낼 정도의 위인입니다. 상대하지 않는 편이 좋겠습니다."

연빈 〉 마원이라는 사람은 경력도 다양하지만 사람을 보는 눈도 대단했던 것 같아.

아빠 〉 물론이지. 그래서 외효는 마원의 권유대로 공손술과는 관계를 끊고 유수와 관계를 맺지.

이 때도 마원이 큰 역할을 하게 되는 것은 물론인데, 후일 후한에서 대장군이 되는 마원과 후일의 광무제 유수와의 첫 만남 또한 멋진 하나의 유명한 장면이지.

연빈 〉 어떤 말들이 오고 가는데 아빠가 그렇게 감탄을 하지, 참 궁금하네?

아빠 〉 유수가 첫 만남에서 말했지.

'경은 두 황제 사이를 왔다 갔다 하는 모양인데 도대체 이유가 뭔가?'

마원 또한 지지 않지.

'지금은 임금이 신하를 선택하는 때기도 하지만 신하가 임금을 택하는 때기도 하지요. 공손술은 무장 병사를 앞세워 저를 만났는데 폐하께서는 제가 자객인지도 모르는데 호위 병사 하나 없이 만나주시니 오직 감격할 따름입니다.'

역시 큰그릇은 다르다고 할까? 껄껄 웃으며 유수가 말하지.

'보면 아네. 자네는 자객이 아니라, 세객(說客, 훌륭한 말솜씨와 담력으로 여러 곳을 유세하며 다니는 사람)이며 국사야. 공손술과 같은 짓을 하면 자네에게 실례가 되지 않겠나?'

역시 인물은 인물을 알아보는 모양이야.

다음은 약간 헷갈리는 '미생지신(尾生之信)'

· 정저지와 (井底之蛙 ; 우물 정, 바닥 저, 갈 지, 개구리 와)
· 좌정관천 (坐井觀天 ; 앉을 좌, 우물 정, 볼 관, 하늘 천)

미생지신 尾生之信

|꼬리 미|날 생|갈 지|믿을 신 / **미련할 정도로 약속에 대한 굳은 신의를 지키는 것을 비유**|

연빈 〉 꼬리(尾 꼬리 미)가 난(生 날 생) 것을 믿어(信 믿을 신). 이게 뭐야?
도대체 말이 안되네.

아빠 〉 한자가 나오면 무조건 뜻을 따지니까 그렇지. 여기서 미생(尾
生)은 사람 이름이야.

연빈 〉 에이. 그런 거였어. 그렇다면 간단하지. 미생이라는 사람의
믿음이니까.

아빠 〉 그런데 그게 간단하지가 않아. 이 이야기에 관계되는 책이
『장자(莊子)』「도척(盜蹠)」편과 『사기(史記)』「소진(蘇進)」전인데
문제는 미생에 대한 평가가 각각 다르다는 거야. 그것도 아주
정 반대로. 물론 어떻게 보든 다 일리는 있지. 너도 한 번 잘
생각해 보거라.

노나라에 미생이라는 아주 정직한 사람이 살았다. 남하고

약속을 하기만 하면 무슨 일이 있든 반드시 지키는 그런 사람이었다.

그런 그가 어느 날, 애인에게서 '내일 밤 마을 앞개울 다리 밑에서 만나자.'는 데이트 신청을 받는다.

미생은 1초도 늦지 않고 약속 장소로 나갔는데 장난이었는지는 몰라도 여자는 그 장소에 나타나지 않았다. 끈질기게 기다렸다. 그러나 결국 여자는 나타나지 않았다.

그러고 있는 사이 개울물이 점점 불어 그의 몸이 물에 잠기기 시작했다. 발에서 무릎으로, 무릎에서 가슴으로 물은 불어만 갔지만 그는 결코 포기하지 않았다. 나중에는 물이 머리 위까지 올라와 교각에 달라붙었으나 그 보람도 없이 결국 물에 빠져 죽었다.

이야기는 여기까지로 간단하다.

그러나 이 이야기에 대한 평가는 두 가지로 정반대인데, 전국시대의 유명한 유세가 소진의 경우가 그 하나다. 소진은 연나라 왕을 설득하면서 이 이야기를 하는데, 미생을 신의가 두터운 사나이의 본보기로 거론하고 있다.

또 하나는 장자가 그의 책에서 도척(盜蹠, ^{춘추전국시대 전설적인 도둑의 이름})이라는 도적의 입을 빌려 하는 다음과 같은 평가다.

"이런 인간은 찢어 죽임을 당한 개, 물에 떠내려가는 돼지, 깨진 바가지를 든 거지와 같이 쓸 데 없는 명목에 구애되어 하나밖에 없는 목숨을 아끼지 않는 놈, 진정한 삶의 길을 모르는 떨거지다."

연빈 〉 아빠는 어떤 평가가 옳다고 생각해?

아빠 〉 글쎄, 참 애매하구나.

연빈 〉 나는 장자의 평가가 더 옳은 것 같아. 미생이 워낙 바보 같아서 말이야.

아빠 〉 그래? 그것보다 아빠는 좀 이상하다는 생각이 드는구나.

연빈 〉 뭐가?

아빠 〉 소진과 장자의 평가가 서로 반대로 되어있는 것 같아. 난세를 살아가는 소진의 입장에선 미생 같은 인물이야 일고의 가치도 없다고 보고, 오히려 도에 신경 쓰는 장자의 입장에선 좀 너그럽게 봐 줄 수 있다고 생각하는 것이 옳을 것 같은 데 말이야.

아무래도 소진이나 장자도 자신의 의도에 따라 평가를 제멋대로 한다고 밖에는 볼 수 없겠어. 우리 역시 그렇잖아.

여하간 여기서는 결론을 내는 것이 중요한 것은 아니니까 이쯤 하자. 미생의 믿음이란 어쩌면 꿈일지도 모르니까 다음은 '夢(꿈 몽)'이 들어가는 고사성어를 몇 개 보기로 하자. 우선 유명한 '호접지몽(蝴蝶之夢)'

호접지몽 蝴蝶之夢

| 나비 호 | 나비 접 | 갈 지 | 꿈 몽 / **물아일체의 경지 또는 인생의 무상함을 비유** |

연빈 〉 나비의 꿈. 글자대로라면 쉬운데 역시 무슨 의미인지는 잘 모르겠네.

아빠 〉 맞아. 더구나 이 고사성어는 장자(莊子)에 관계된 것이기 때문에 더 만만치가 않지.

연빈 〉 장자가 누군데?

아빠 〉 중국을 중심으로 동양에서 중요하게 여겨지는 두 가지 커다란 생각, 즉 사상이라는 것이 있지. 그 중에 하나가 연빈이도 많이 들어봤을 공자라는 사람의 생각인데, 그것과 쌍벽을 이루는 것으로 바로 이 사람 장자(노자와 합해 '도가' 라로 하지)의 사상이 있어.

자세히 설명하기는 어렵지만 공자 쪽이 인, 의, 예, 지, 신 같은 정해진 덕목을 중심으로 성인이 되기 위해 부단히 수양하는 것을 강조했다면, 도가 쪽은 그런 어찌 보면 인위적으로 정해진 틀을 비웃으면서 그것에 얽매이지 않고 무한한 대 우주에 노닐면서 자유할 수 있는 인간을 강조한다고 할까? 여하간 쉽지 않아.

연빈 〉 글쎄, 에이 나는 모르겠다. 고사나 얘기해 주세요.

이 고사는 『장자』라는 책의 「제물론(齊物論)」이라는 부분에 나오는데 그 내용은 다음과 같이 의외로 간단하다.

> "언제인가 깜빡 잠이 들었는데 꿈을 꾸게 되었다. 그 꿈속에서 나는 나비가 되었다. 훨훨 날개를 펴고 허공을 날아다니는 즐거움, 나는 내가 나라는 사실도 잊고 그 즐거움에 정신이 없었다.
>
> 이윽고 문득 눈을 뜨게 되었는데 나는 역시 나였다.
>
> 그렇다면 이 세상 속의 내가 꿈속에서 저 나비가 된 것일까? 아니면 즐겁게 훨훨 날아다니던 나비가 꿈속에서 나라는 인간이 된 것일까?
>
> 내가 나비인지 나비가 나인지, 꿈이 현실인지 현실이 꿈인지…"

연빈 〉 역시 꿈같은 얘기네.

아빠 〉 그렇지. 하지만 이렇게 생각해 볼 수 있겠지. 잘난 체 하는 인간의 분별의 눈으로 보면 장자 _{본래 이름이 장주(莊周)}와 나비는 완전히 별개고 꿈과 현실도 역시 별개지. 그러나 이렇게 구별하는 것이 꼭 맞다고는 장담할 수 없잖아.

어쩌면 그렇게 생각하는 것 자체가 사실은 인간의 잘난 체하는 버릇이고 어리석음일 지도 모르잖아.

우리 연빈이도 가끔 그런 생각이 들걸. 밥을 먹고 학교에 가고, 또 공부하는 내가 진짜 난가? 뭐 그런 생각 말이야.

그런 생각이 드는 것을 보면 인간의 본 모습이라고 해도 좋고 또 우리 인간을 뛰어넘어 존재하는 어떤 존재(물론 우리야 하나님이지만)의 입장에서 본다면 장주나 나비나 무슨 구별이 있겠어? 현실도 꿈이고 꿈도 현실이겠지.

연빈 〉 그렇게 생각하니 아주 어려운 것 같지는 않네. 그런데 도대체 주장하는 바가 뭐야?

아빠 〉 물론 장자나 노자는 도가의 사람들이니까 '도(道)' 가 중요한데, 그 도의 입장에서는 어느 것이나 똑같이 보는 그대로, 즉 깨어있을 때는 장자로서 살고 꿈속에서는 나비로서 춤춘다는 것이야.

쉽게 말하면 현재의 자기 모습대로 살아간다는 것, 약간 어렵게 말해 '현재의 긍정' 이야말로 '진정한 자유' 라는 의미야.

다음은 '한단지몽(邯鄲之夢)'

한단지몽 邯鄲之夢

|땅 이름 한|땅 이름 단|갈 지|꿈 몽 / **인생의 덧없음과 부
귀영화의 헛됨**|

연빈 〉한단(邯鄲)이란 말이 무슨 말인지 모르겠어?

아빠 〉그렇지? 지명이라서 그래. 본래 '한단' 은 조나라 수도지만
여기서는 별 의미가 없는 그저 하나의 지명에 불과해.

연빈 〉그런데 그 곳이 왜 그렇게 유명해졌지?

아빠 〉그것이 바로 고사성어의 위력이지. 다음의 이야기를 들으면
그 이유를 알 수 있을 거야.

당나라 현종 때, 여옹(呂翁)이라는 도사가 한단의 한 여관에
서 초라한 옷차림의 한 젊은이를 만났는데 꽹장한 신세한탄
을 하더라는 거야. 내용인즉 죽자 사자 힘을 다해 일을 하는
데도 칠칠히 고생을 한다는 것이었어. 그 젊은이의 이름은
노생(盧生)이었지.

그러다 이 노생은 여옹에게 베개를 빌려 잠이 들었어. 그

베개는 양끝에 구멍이 뚫린 도자기로 만든 것이었는데 잠자는 동안 그 구멍이 점점 커지는 것이었어. 노생은 그 구멍으로 들어갔지.

그 곳에는 대궐 같은 집이 있었는데 당대의 명문가인 청하 최씨의 집이었어. 노생은 그 집 딸과 결혼을 하게되었고 과거에 합격하여 벼슬이 지금의 서울시장 격인 경조윤이 되고 대외적으로도 공을 세워 어사대부 겸 이부시랑이 되었지. 바로 그때 모함을 받게되고 지방으로 좌천되어 3년을 보내다가 다시 호부상서에 임명되었다가 또 다시 재상으로 승진 10년을 천자(임금)의 최고 측근으로 보내게 되었어.

그런데 호사다마(好事多魔, ^{좋은 일에는 안 좋은 일도 끼여들기 쉬움})랄까 극도의 영화를 누리던 그때 역적의 누명을 쓰고 체포되게 되지.

다음은 그 순간 그가 처자에게 하는 말이야.

> "내 고향 산동에 논이 약간 있었지. 농사만 짓고 있었더라면 그럭저럭 살았을 텐데 무슨 영화를 보자고 벼슬살이를 했단 말인가? 그것 때문에 지금 이 꼴이 되어 버렸구나. 그 옛날 누더기를 걸치고 한단의 길을 걷던 일이 생각나는구나. 그 때가 그립지만 이제 어쩔 수 없는 신세로구나……"

노생은 칼로 자살하려 했으나 아내가 말리는 바람에 그 짓도 할 수 없었지. 그런데 역모에 관계된 모든 사람은 모두 사형 당했으나 노생 만은 간신히 목숨을 건져 기주로 귀향을 가게 되었어.

몇 년 후 무고함이 밝혀지게 되고 고위직인 중서령에 임명되고 연국공에 봉해져 천자의 총애를 받게 되지. 다섯 아들은 모두 고관이 되어 명문가의 딸들과 결혼하게 되고, 10여 명의 손자들의 재롱을 보면서 병들면 천자의 주치의가 달려오는 극진한 대접속에 만년을 영화롭게 살다가 천수를 다하게 되지.

연빈 〉 와 멋있고 폼 나는 일생이네.

아빠 〉 여기까지라면 그렇지. 바로 그 순간 크게 하품을 하며 잠에서 깨게 되었는데, 노생은 한단의 바로 그 여관에서 자고 있더라는 거지. 곁에는 여전히 여옹이 앉아 있고, 여관 주인은 그가 잠들기 전에 조를 찌고 있었는데 그 조가 아직 다 익지도 않았더라는 거야.

연빈 〉 저런, 저런 좋다 말았잖아.

아빠 〉 그렇게 노생이 아쉬워하자 여옹은 '인생이란 다 그런 거라네'라고 했는데, 노생도 괜찮은 녀석인지라 '영욕도 빈부도 생사도 다 경험했습니다. 이것은 선생께서 제 욕심을 막아주신 것이라 생각합니다.'라면서 공손히 절을 하고 한단의 길을 휘적휘적 걸어가더라는 거지.

이 내용을 보면 한단지몽이 무슨 의미인지 알겠지?

다음은 '역부지몽(役夫之夢)'

역부지몽 役夫之夢

| 부릴 역 | 사내 부 | 갈 지 | 꿈 몽 / **부귀와 영화도 꿈처럼 덧없음** |

연빈 〉 아빠. 역부(役夫)라면 일꾼 아냐? 잡역부라는 말을 들어본 것 같아.

아빠 〉 맞아.

연빈 〉 그렇다면 '일꾼의 꿈' 이네. 어떤 일꾼인지는 모르겠지만.

아빠 〉 『열자(列子, _{노자, 장자와 함께 도가의 삼서})』에 나오는 고사를 보면 알 수 있는데, 한 늙은 일꾼이 낮에는 힘든 일에 시달리나 밤에는 꿈속에서나마 임금이 된다는 일꾼의 꿈으로 고단한 삶 가운데서도 뭔가 위안을 삼으며 사는 뭐~ 그런 이야기야.

주(周)나라에 아주 부자인 윤씨(尹氏)가 살았어.

그 윤씨에게는 늙은 역부(일꾼)가 있었는데 인정사정 보지 않고 혹사를 당하는 바람에 고생이 말이 아니었지. 하루하루가 그야말로 죽을 맛이었어.

그런데 그 늙은 역부에게는 하나의 위안거리가 있었어. 그것은 그가 밤중에 자면서 꾸는 꿈이었는데 꿈속에서는 왕이 되어 그야말로 남부럽지 않은 생활을 하는 거지.

어느 날, 유별나게 혹사당하는 것을 본 동료 역부가 안타까운 듯 위로의 말을 하자 그 역부는 태연스레 다음과 같이 말하는 것이었어.

"사람의 일생중 반은 낮이고 반은 밤이네.
나는 낮에는 고달프지만 밤에는 꿈속에서 임금이 되니 그 즐거움은 다른 무엇에 비길 수가 없다네. 그러니 무엇을 원망한단 말인가?"

한편 부자인 윤씨는 상황이 그 역부와는 반대여서 엄청난 스트레스를 견디지 못하고 친구에게 하소연을 하게 되었는데 그 친구는 다음과 같이 말하더라나.

"꿈속에서 남의 일꾼이 되어 받은 고통은 낮에 자네가 누린 즐거움의 대가가 아니겠는가? 깨어있을 때와 꿈꿀 때가 같지 않은 것이 운명의 이치라네."

연빈 〉 그 일꾼 아저씨 멋있는데.

아빠 〉 멋있다기보다는 일종의 체념, 아니 세상 일에 달관한 것 같구나.

연빈 〉 어쨌거나 아주 괜찮은 방법을 가지고 있는 것 같애. 나도 수학을 잘 못하고 영어는 꽤 하니까 그 일꾼 아저씨처럼 영어로 위안을 삼고 너무 걱정하지 말아야겠다.

아빠 〉 그렇다고 수학을 아주 포기하지는 마라. 너처럼 단순히 과목의 우열을 가지고 이 고사성어 역부지몽에 갖다 붙이는 것은 좀 뭐하지만 여하간 이 역부지몽의 의미가 '부귀영화라는 것도 한낱 꿈처럼 덧없음을 비유' 한 것만은 분명하지.

이제까지 꿈에 관계된 고사성어로 호접지몽, 한단지몽을 보았고 앞으로 남가일몽, 일장춘몽을 볼텐데 그것들과 이 역부지몽은 약간 성격이 다른 것 같이 보이기도 해.

그러나 '삶의 덧없음' 이라는 큰 의미를 나타내는 점에 있어서는 역시 마찬가지니까 의미도 의미지만 각 고사성어들의 표현수법, 특히 강조하는 부분들을 염두에 두면서 그 독특한 맛과 차이를 느껴 보는 것도 의미가 있을 거야.

다음은 '남가일몽(南柯一夢)'

남가일몽 南柯一夢

연빈 〉 아빠, 이거 역시 꿈은 꿈일텐데 전혀 모르겠어.

아빠 〉 우선 글자 그대로 하면 '남쪽으로 뻗은 가지 아래서의 꿈' 정도가 되지만. 고사를 모르면 그 의미는 전혀 알 수가 없는 말이지. 그러니 우선 고사를 보는 것이 좋아.

당나라 덕종(785~804) 때 양자강 하류, 광릉군에 순우분(淳于棼)이라는 사람이 살았지. 성격이 호방하고 남과 어울리는 것을 좋아해 자신의 저택 남쪽에 있는 느티나무 그늘 아래서 친구들과 술자리를 즐기곤 했어.

그러던 어느 날, 여느 때처럼 두 친구와 술을 마시다 취하게 되자 친구들이 뒷일은 걱정말고 한 숨 자라고 순우분을 집 앞 처마 밑으로 옮겨놓았어. 순우분이 어슴푸레 잠이 들려할 때 괴안국의 왕이 모셔오라고 해서 왔다며 자주 빛 옷을 입은 두 명의 사자가 찾아왔어. 그들을 태운 백마가 끄는 검은 칠을 한 마차는 타자마자 대문을 지나더니 곧바로 느티나무 구멍 속으로 들어가는 것이었어.

주위의 경치가 하도 신비스러워 어리둥절하고 있는데 '대괴안국(大槐安國)'이라고 써진 정문을 지난 마차가 국왕 앞으로 순우분을 인도한 거야. 왕은 기뻐하며 융숭한 대접을 했지. 결국 왕의 딸과 결혼하고 친구인 주변(周辯)과 전자화(田子華)도 만나게 되었지.

얼마 후, 국왕이 순우분에게 아주 부유한 남가군을 맡아달라고 해서 친구 두 명을 대동하고 부임했어. 그 곳에서 20년 동안 엄청난 선정을 베푼 결과로 대신에 임명되는데, 바로 그 해에 단라국(檀羅國)이 남가군을 침략했어. 순우분은 주변에게 30,000 명의 군사를 주어 막게 했지만 방심한 주변은 대패하고 돌아와 시름시름 앓다가 죽게되지. 다행히 사태는 더 악화되지 않았지만 얼마 후 아내가 죽게되어 할 수 없이 서울로 돌아오게 되었어.

서울에서는 부마(왕의 사위)인 까닭도 있었지만 외적을 무찔렀다고 알고있는 많은 권세가들의 아첨 덕에 순우분의 세력은 커져만 갔지.

바로 그때, 수도를 옮길 정도의 변괴(괴이한 일)가 생겼다는 상소가 있었는데 놀란 사람들은 시비를 따질 생각도 않은 채 모든 것이 순우분 때문이라고 떠들기 시작했어. 순우분의 세력이 커져가는 것에 은근히 불안을 느끼던 왕에게는 절호의 찬스였지. 지체 없이 재산을 몰수하고 가택연금을 시키더니 얼마 후 딸이 낳은 손주들을 남겨두고 집으로 돌아가라고 명령했어.

"아니 어디로 돌아가라는 말입니까?"

항변하는 순우분에게 왕은 껄걸 웃으며 말했지.

"자네는 본래 인간세계의 사람, 자네의 집은 이 곳에 없다네."

황당한 이 소리를 듣자 순우분은 어렴풋이 전에 지상에서 살던 생각이 나기 시작했지.

여하간 왕의 명을 거역할 수는 없었던지라 종자(從者, ^{따라다니며 시중드는 사람})를 대동하고 다시 자주 빛 옷을 입은 두 사자에 이끌리어 앞문을 나섰는데 종자는 어디론가 사라지고 자신은 소가 끄는 수레를 타고 있는 것이었어.

성문을 나서니 사자들도 태도가 예전 같지 않은 것이 느껴져 광릉군, 즉 예전 자기 집 가는 길만 재촉했지. 그런데 막상 그 전 자기가 살던 집에 도착하자 회한으로 눈물이 쉴 새 없이 흐르고 감히 집으로 들어갈 엄두가 나지 않았어.

보다 못해 두 사자가 큰 소리로 순우분의 이름을 불렀고 그 소리에 깜짝 놀라 정신을 차리게 되었는데, 바로 그때의 상황이란 두 친구들은 이제 막 볼 일을 끝냈는지 손발을 씻고 있었고 해도 아직 서쪽 담장을 채 넘지 않고 있었다는 이야기지.

연빈 > 역시 사람이 산다는 것은 한 바탕 꿈과 같은데, 그 사실을 잘

모르다가 이렇게 꿈에 의해 비로소 알게 된다는 의미는 꿈에
관계된 다른 고사성어들과 같은 것 같아.

아빠 〉 네 말이 맞아. 하지만 이 '남가지몽'에는 특별히 위 이야기에
이어지는 다음의 내용이 있지.

> 순간적으로 꿈인 것을 느낀 순우분은 얼른 일어나 친구들과 느
티나무 밑으로 갔는데 과연 나무 밑둥치엔 구멍이 있었어. '내가
지나온 곳이 여기구나.'
>
> 한숨짓는 순우분에게 여우에게 홀린 것이라고 위로하던 친구들
은 하인들에게 그 구멍을 파게 했어. 침대 하나 넓이의 공간이 나
타나고 수많은 개미들이 떼지어 있었는데 그 속에 작은 대가 있고
붉은 색을 한 큰 개미가 두 마리 있었지.
>
> 또 다른 구멍 하나를 파보니 그것은 남쪽으로 뻗은 가지와 연결
되어 있었는데 평평한 곳에 토성이 있고 개미가 떼로 모여있었지.
>
> 두 마리 큰 개미는 국왕부부이고 남쪽 가지 평평한 곳은 남가군
이라고 짐작한 순우분이 파헤친 곳을 다시 원상태로 회복해 놓았
지만 그 날 밤, 큰비로 개미들은 다 떠내려가 버리고 말았다는데
괴안국의 이변이란 바로 이 사건이었구나 추측할 뿐이었다는 이
야기.

연빈 〉 어라, 그것 참 신기하네.

아빠 〉 신기한 것은 그 다음에 발생했지.

연빈 〉 어떤?

아빠 〉 그로부터 10일도 채 지나지 않아 두 친구들이 차례로 병으로

죽었다는 거야. 약간 겁이 난 순우분은 그 후 술을 끊었지만,
3년 후 47세로 세상을 떠났고.

연빈 〉 정말?

아빠 〉 정말인지 거짓말인지야 아빠도 잘 모르지. 여하간 당나라 이
공좌(李公佐)라는 사람이 쓴 『남가기(南柯記)』에 나오는 '남가일
몽'에 관한 옛날 이야기가 그렇다는 거니까.

다음은 꿈이라고 하면 보통 사람들이 떠올리는 대표주자인
'일장춘몽(一場春夢)'

일장춘몽 一場春夢

|한 일|마당 장|봄 춘|꿈 몽 / **인생 부귀영화의 덧없음을 비유** |

연빈 〉 아빠, 꿈이라고 하면 대부분 이 말을 하는 것 같아.

아빠 〉 그렇지? 많이 들어봤을 거야. '場(장)'이 '마당 장'이니까 그
냥 '한 마당(바탕)의 봄꿈'이라고 간단히 해석되지. 'ㅡ(하나
일)'자를 사용해 아주 적은 것을 나타낸 데다가, '春(봄 춘)'으
로 다른 계절에 비해 아주 짧은 것을 나타냈으니까 물론 의
미도 '인생(모든 것)은 한 바탕의 짧은 봄꿈'이고.

연빈 〉 그럼 이 고사성어엔 고사가 없어?

아빠 〉 왜 없겠니? 다만 위의 '남가일몽'처럼 구구절절 스토리가 없
을 뿐이라는 거지.

연빈 〉 에이, 그러시지 말고 간단하더라도 빨리 얘기해 주세요. 네?

아빠 〉 알았다, 알았어! 보채지 마라. 연빈이는 혹시 소동파(蘇東坡)라
는 사람에 대해 들어봤어?

연빈 〉 못 들어봤는데.

아빠 〉 당나라, 송나라를 통 털어 글 잘하는 여덟 사람을 가리켜 '당

송 8대가' 라고 하는데 그 중의 한 명이야. 송나라 때 사람인
데 본명은 '식(軾)'으로 아버지를 위시하여 형제까지 글 잘하
기로 소문난 집안의 출신일 뿐 아니라 관리로서의 생활도 비
교적 순탄했지.

특히 시에 있어서 한 획을 그을 정도로 독특하고 뛰어난 솜씨
를 보였어. 아빠도 몇 개 읽어보았는데 만만치 않은 것 같아.
소동파에 대해서는 대충 이쯤하고, 여하간 그 소동파가 요즘
말로 은퇴하여 편안한 노후를 보내던 어느 날이었지. 그 날도
늘 하던 대로 노래를 부르며 들판을 거닐다가 한 노파를 만나
게 된 거야. 평소 그런 일이 잦았으므로 무심코 지나가려는데
노파가 말을 걸었지.

"영감께서는 지난 날 늘 부귀와 함께 하시더니 이제 모든 것
이 '일장춘몽(一場春夢)'이 되었습니다, 그려."

이 말에 대한 동파의 대답 역시 간단했지.

"그렇다네."

연빈 〉 간단해서 좋긴 한데 뭐 그래? 너무 시시하다.

아빠 〉 복잡해야 꼭 좋은 것은 아니잖아. 이 경우도 이 간단한 대화
로 인해 '일장춘몽' 이라는 고사성어가 태어나게 되었고, 그
노파도 '춘몽파(春夢婆)' 라는 별명을 갖게 된 거잖아.

물론 소동파가 워낙 유명인이라서 그런 것이겠지만.

자, 이래서 꿈에 관계되는 고사성어를 몇 개 살펴보았다.

고사가 간단하면서도 숫자가 들어가는 '일장춘몽' 을 보았으
니 앞으로는 숫자가 들어가는 고사성어를 여러 개 살펴보도
록 하자.

첫 번째는 1도 관계되고 2도 관계되는 '일거양득(一擧兩得)'.

일거양득 一擧兩得

|한 일|들 거|두 양|얻을 득 / **한 가지 일로써 두 가지 이익을 얻음**|

연빈 〉 한 번 들어(擧 들 거) 두 개를 얻다(得 얻을 득). 어~ 너무 간단하네!

아빠 〉 그래, 맞아. '일전쌍조(一箭雙鳥)'라고 '한 개의 화살(箭 화살 전)로 두(雙 둘 쌍) 마리 새를 잡다'와 같은 의미지.

연빈 〉 아빠, 돌 하나로 두 마리 새를 잡는다는 '일석이조(一石二鳥)'도 있잖아.

아빠 〉 아, 그렇지? 물론 같은 의미야. 하지만 일석이조는 고사성어가 아니고 'Kill two birds with one stone'이라는 영어를 번역한 거야.

여하간 『춘추후어(春秋後語)』에 나오는 이 일거양득에 관계된 고사를 보기로 하자.

옛날 변장자(辯莊子)라는 아주 힘이 센 사나이가 어떤 주막

에 머무르게 되었는데 때마침 그 마을에 호랑이가 나타났다
는 것이었어. 가만있을 수가 없었던 그는 당연히 호랑이를
잡겠다고 서둘러 나가려 했지. 그 때 주막의 심부름꾼이 '일
거양득'의 유래가 되는 다음과 같은 말을 하는 것이었어.

"서둘지 말고 천천히 기다리세요. 호랑이 두 마리가 소를 잡아
먹으려고 하니까 얼마 후면 두 호랑이가 서로 소를 먹겠다고 다툴
겁니다.
　두 마리가 다투게되면 약한 놈은 견디지 못하고 죽을 것이고,
강한 놈도 비록 이겼다고는 하나 상당한 상처를 당해 기진맥진한
상태일 겁니다.
　그 때 그 헐떡이는 놈을 죽이게 되면 한 번에 두 마리의 호랑이
를 잡는 게 되지 않을까요?"

연빈 〉 저런, 장사보다 주막집 심부름꾼이 훨씬 더 지혜로우네.

아빠 〉 그렇구나. 사실 이 고사성어의 의미는 알다시피 간단해. 허나
　　　 그 말이 유명하게 된 데는 약간의 과정이 있지.

연빈 〉 무슨 과정인데? 아주 궁금해요

아빠 〉 이 일거양득이 실제 상황에서 거론되지 않고 단지 『춘추후
　　　 어』라는 책 속의 옛날 이야기에 불과했다면 그렇게 유명한
　　　 말이 되지 않았을 지도 모르지.

연빈 〉 그럼 어디 다른 데 또 나와?

아빠 〉 중국의 전국시대, 진나라 혜왕의 신하 중에 진진(陳軫, 책사)이라
는 사람이 있었는데, 그가 이 '일거양득'을 다음과 같이 시기
에 맞춰 적절하게 사용했지.

전국시대 한(韓)나라와 위(魏)나라가 일 년 넘게 장기전을 벌이고
있었다. 진나라 혜왕은 어느 한 쪽을 편들 묘책을 찾고자 오랫동
안 신하들과 머리를 맞댔지만 뾰족한 수를 찾지 못하고 있었다.

이때 신하 중 진진이 위의 이야기를 하게 되었다. 그 덕분에 진
나라 혜왕은 어느 한쪽을 편들겠다는 생각을 버리고 수수방관하
게 되었는데, 결과적으로 두 나라를 힘 안들이고 멸망시키는 행운
을 얻게 되었다.

연빈 〉 아, 그 진진이라는 사람이 제대로 일거양득하게 만든 공로가
있었구나.
아빠 〉 이렇게 진진처럼 실제 상황에서 잘 활용하는 것이야말로 우
리가 고사성어를 배우는 진정한 목적이라고 할 수 있겠지. 너
도 잘 활용하려고 노력해 봐!
자, 다음은 '건곤일척(乾坤一擲)'

- 일거양부 (一擧兩附 ; 한 일, 들 거, 두 량, 붙일 부)
- 일전쌍조 (一箭雙鳥 ; 한 일, 화살 전, 두 쌍, 새 조)

건곤일척 乾坤一擲

|하늘 건|땅 곤|한 일|던질 척 / **운을 하늘에 맡기고 한번 던져 본다는 의미** |

연빈 〉 건곤(乾坤)은 천지(天地)와 같은 뜻이라는 것은 배웠는데 '척(擲)'은 잘 모르겠어?

아빠 〉 그래? 그럼 이렇게 생각해 보자. 야구에서 공을 던지는 사람을 뭐라고 하지?

연빈 〉 투수

아빠 〉 '투'가 한자로 쓰면 '投'인데 '던질 투'라서 '던지는 사람(손)'이 되는 거야.

한 가지만 더 물어볼게. 군인들이 받는 훈련 중에 수류탄을 던지는 훈련이 있는데 혹시 뭐라고 하는지 들어봤어?

연빈 〉 응. TV에서 보긴 봤는데…. 아 !! '수류탄 투척' 맞아요, 아빠

아빠 〉 맞아. 바로 그 '투척'이라는 말에 '投'와 여기의 '擲(척)'을 쓰는 거야. 그럼 '擲' 역시 '던질 척'이 되겠지.

연빈 〉 그렇다면 '하늘과 땅을 한 번에 던졌다.'가 되겠다.

아빠 〉 good, nice. 하늘과 땅, 즉 온 세상 또는 목숨을 포함한 모든 것을 한 판(결정, 사건)에 걸었다는 의미야.

1차 배경은 항우와 유방이 천하를 걸고 싸우던 BC 203년, 지금부터 2200년 전 일이지.

진시황으로 대표되는 진(秦)을 멸망시킨 항우가 일시적으로 천하의 패권을 잡게 된다.

그러나 명목상의 주인인 초(楚)나라 의제를 죽인 일과 논공행상의 불공정으로 인해 천하는 다시 혼란에 빠지게 된다.

1. 전영, 진여, 팽월 등이 차례로 반란을 일으켜 항우를 압박하자 이 틈을 이용한 유방의 관중합병

2. 의제의 조상과 역적 항우토벌을 명분으로 66만 명의 군사를 동원해 감행한 유방의 팽성 점령

3. 항우의 팽성 탈환으로 아내, 부친을 남겨둔 채 구사일생 목숨만 건진 유방의 팽성 탈출

4. 유방의 영양에서의 재기시도와 또 다시 패배하여 이어지는 유방의 36계 줄행랑

5. 한신의 제(齊) 확보를 등에 업고 점차 이루어지는 유방의 세력 증강

6. 관중으로부터의 병력 보급에 힘입은 유방군의 항우군에 대한 공격 그리고 승리

7. 팽월의 군사에 의해 식량보급로가 끊긴 항우군의 진퇴양난

사태가 이 지경이 되자 항우는 불가불 협상을 청하게 되고 유방 역시 마지못해 응하는데, 그 협상의 내용인 즉 '천하를 홍구(鴻溝 : 지금의 하남성 고노하)를 기준으로 양분하여 서쪽은 유방이 맡고 동쪽은 항우가 맡는다' 는 것이었다.

이것이 그 유명한 '천하양분' 으로 때는 한나라 4년, BC

203년.

양측은 협상 내용에 따라 회군할 준비를 서두르고 있었는데 유방의 참모들인 장량(張良), 진평(陳平) 등이 후세에 두고두고 이야기될 다음의 건의를 유방에게 하게 된다.

결과적으로 이 건의를 받아들인 유방이 다음 해, 한신과 팽월 등과 연합군을 이루어 항우군을 추격하게 되고 해하(垓下)에서 항우를 포위함으로써 천하패권을 차지하게 된다.

연빈 〉 아빠, 그런데 사건은 잘 알겠는데 정작 '건곤일척'에 관계된 것은 아무 것도 없잖아.

아빠 〉 그것이 궁금하지? 이 때까지는 '건곤일척'에 해당되는 사건은 있지만 '건곤일척'이라는 고사성어는 아직 탄생하지 않았지. 그 말이 탄생하려면 1000년의 세월이 더 흘러야 돼.

연빈 〉 어, 뭐야?

아빠 〉 항우의 애달픈 사연이 있은 후 1000년이 흐른 당나라 때 이 역사적 사건의 현장을 천하의 문장가 한유(韓愈)가 지나게 되었지. 그는 이 장량, 진평이 유방을 도왔던 공적을 회상하면

서 그 마지막 건의, 즉 천하양분의 협상에 구애받지 말고 항
우를 공격하라는 건의야말로 '천하를 건 도박'이었다고 평가
하게 되지. 그래서 나오게 된 시가 바로 다음의 「과홍구(過鴻
溝 : 홍구를 지나며)」인데, 후세에 길이 남을 고사성어 '건곤일척
(乾坤一擲 : 천하를 또는 생사를 포함한 모든 것을 단 한 판에 걸다)'은 바
로 여기에서 나오지.

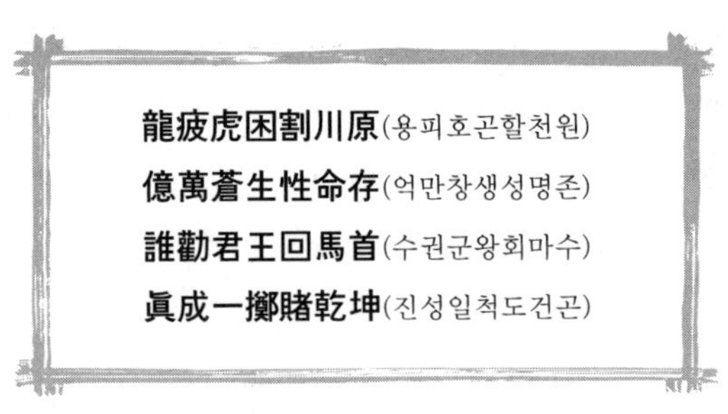

연빈 〉 글자가 너무 많은 것 같애. 아빠가 해석하는 기본원칙을 가르
쳐 줘.

아빠 〉 이렇게 7자로 된 한문은 우선 2자, 2자, 3자로 끊어서 생각해
야 돼. 그런 다음 알맞은 우리말을 찾아내 말을 만들면 그렇
게 어렵지는 않아. 다음에 아빠가 한 해석을 참고하여 한 번
스스로 말을 만들어 보거라.

용이 지치고 범도 피곤해 지경(내와 들판)을 가르니(나눈 덕분에)
억만의 창생(백성)들이 생명을 보존했도다(부지했구나)
누가 군왕에게 말머리를 돌리게 하여(권하여)
진실로 천하를 단 한 판에 걸게 했던가!

다음은 '일각천금(一刻千金)'

일각천금 一刻千金

|한 일|시각 각|일천 천|쇠 금 / **매우 짧은 시간도 천금처럼 아깝고 귀중하다는 의미**|

아빠〉 연빈아, 혹시 'Time is money'가 무슨 말인지 알아?

연빈〉 아빠, 요즘은 초등학교 3학년부터 영어를 배워. 이래 봬도 그 정도는 알아. '시간은 돈이다'라는 말이잖아?

아빠〉 하~하 미안, 내가 너무 무시했나 보구나.

바로 그 '시간은 돈이다'라는 말에 해당되는 고사성어가 여기서 말하려는 '일각천금'이야.

잘 알다시피 일각, 즉 한 시간이나 두 시간의 시간이란 천금에 해당하니까 '시간은 돈처럼 귀한 것이니까 서둘러라, 아껴라' 뭐 그런 의미로 흔히 쓰이지.

연빈〉 뭐야 '흔히'라니? 아빠가 말씀하시는 방식으로 보아 뭔가 다른 의미도 있는 것 같은데?

아빠〉 글쎄, 하여간 '일장춘몽'이라는 고사성어의 주인공인 소동파의 「춘야(春夜)」라는 시를 먼저 살펴보고 이야기를 계속하기로 하자.

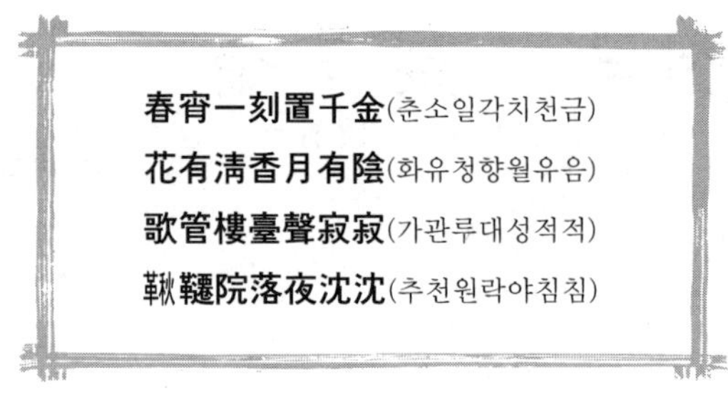

우리말로 변역해 보면

일각이 천금같이 한가로운 봄 밤(봄날의 밤은 일각이 천금에 해당되는데)
꽃은 맑은 향기를 내고 달은 으스름한데(맑은 향기의 꽃 으스름 달빛으로 인해)
가관루대에 소리 끊기고(노래와 악기 울리던 누대에 소리가 그치니)
추천원도 잠들고 밤은 깊어만 간다(그네 뛰던 인적도 없고 밤은 깊어간다)

아빠 〉 이 시의 첫째 구절 '춘소일각치천금'에서 '일각천금'이라는 고사성어가 나온 거야.

연빈 〉 아빠, 그런데 우리가 아는 의미와 조금 다른 것 같아. 봄날 밤에 뭐 서둘 것이 있어? 좀 이상한데.

아빠 〉 바로 그거야. 본래의 의미는 일로 인해 바쁜 것, 즉 서두는 것이나 바쁜 것이 아냐. 오히려 천금에 해당할 만큼(값어치를 따질 수 없을 만큼) 여유롭고 흐뭇한 시간이라는 의미지.
아마 많은 사람들이 이런 의미는 잘 모르고 있을 거야. 물론 유래는 그래도 지금은 흔히 '시간은 귀중한 것이니 늦기 전에 서두르다, 바쁘다' 등으로 쓰이니까 그 의미 또한 무시되어서는 안 되지. 하지만 본래의 의미인 '여유로움' 또한 함께 음미해 보아야 할거야.
다음은 하나를 듣고 열을 안다는 '문일지십(聞一知十)'

문일지십 聞一知十

연빈 〉 하나를 들으면(聞 들을 문) 열을 안다(知 알 지). 간단하네.

아빠 〉 맞아. 아주 간단하지. 글자 그대로 '아주 뛰어나다' 또는 '부
분을 통해 전체를 안다' 라는 의미야. 공자의 『논어(論語)』에
그 근거가 나오지.

어느 날 공자가 제자인 자공(子貢)에게 물었어.

"너는 안회(顔回 ; 공자의 제자 중 한 사람)와 비교해 어떻다고
생각하느냐?"

자공이 대답했지.

"제가 어찌 안회를 따를 수 있겠습니까? 안회는 하나를 들
으면 열을 알지만(聞一知十), 저는 하나를 듣고 겨우 둘을 깨달
을 정도입니다."

그러자 공자가 말했어.

"따를 수 없지. 너뿐만 아니라 나도."

연빈 〉 아니 안회가 어떤 사람인데 공자도 못 미친다고 해?

아빠 〉 안회 역시 공자의 제자였는데 일찍 죽어. 공자가 안회를 얼마
나 아꼈는지는 그가 죽었을 때 공자가 한 말로도 알 수 있지.

연빈 〉 뭐라고 했는데?

아빠 〉 '천상여 천상여(天喪予 天喪予)'라고 했는데, 우리말로 하면 '하
늘이 나를 버리는구나, 하늘이 나를 버리는구나'라는 의미
야. 얼마나 슬프고 안타까웠으면 두 번이나 반복했겠어?

연빈 〉 그렇게나 훌륭했나? 그럼 자공은 별거 아니었나?

아빠 〉 그렇지 않아. 위의 대화에서 자공이 자기보다 안회를 높이 평
가한 것은 일종의 겸손이라고 할 수도 있어. 대단한 자부심을
가진 채 상대방을 높이는 최고의 자긍심 말이야.
여기서야 안회가 중심이니 자공이 상대적으로 약해 보이지만
사실 자공이란 인물은 거의 유일무이한 존재야.

연빈 〉 그건 또 무슨 소리?

아빠 〉 자공은 공자를 중심으로 한 무리, 즉 공자학파의 전체 살림을
책임지고 있던 인물이야. 행정이나 계획 등에 있어서는 타의
추종을 불허했는데, 특히 공자가 죽었을 때 묘를 6년이나 지
킨 것은 너무나 유명한 일로 그야말로 전무후무한 일이지.
공자는 그런 사실들을 어쩌면 미리 알고 있었던 것 같아. 살아
있을 때 자공을 종묘의 제물을 담는 귀한 그릇인 '호련(瑚璉)'
에 비유하여 높이 평가하고 있는 것을 보면.
공문십철(孔門十哲 ; 공자 문하의 뛰어난 제자 열 명) 모두가 독특한 특
장점을 각각 가지고 있었던 것은 분명하지만 자공이 없었다면
공동체적 성격이 유지되기 어려웠다고 말할 수도 있을 정도야.
여하간 대단한 인물이야. 다음은 '이도살삼사(二桃殺三士)'

이도살삼사 二桃殺三士

| 두 이 | 복숭아 도 | 죽일 살 | 석 삼 | 무사 사 /
| 교묘한 계략으로 상대를 자멸하게 하는 일을 비유 |

연빈 〉 이것도 간단해. '두 개의 복숭아가 세 명의 장사를 죽이다'
네. 그죠? 아빠

아빠 〉 연빈이, 이젠 제법이구나. 의미도 '교묘한 계략으로 상대방
을 죽이다' 로 별로 문제가 없고.
다만 『안자춘추(晏子春秋)』라는 책에 나오는 고사를 머리에 기
억해 두면 금상첨화(錦上添花 : 비단 위에 꽃을 첨가함. 좋은 쪽으로 엎
친 데 덮친 격)가 되겠다.

춘추시대 제(齊)나라 재상으로 안자(晏子)라는 사람이 있었지.
생김새는 좀 그랬지만 대단한 학식을 가진 자로 아주 현명
했어. 안 그래도 너무 똑똑하면 남들의 시기와 질투를 받는
법인데 인물이 형편없다보니 앞에서는 말을 못해도 뒤에서
는 이러쿵저러쿵 말들이 많았지. 그 중에서도 제후인 경공을

모시는 세 장사의 안자에 대한 오만방자함은 참기 어려울 지경이었지. 해서 안자는 그 세 장사들을 혼내주기로 했어.

어느 날 안자는 만수금도(萬壽金桃, ^{많은 복이 깃들어 있다는 아주 큰 복숭아})라는 복숭아 6개를 가져와 임금과 재상이 4개를 먹게 했어. 그리고 나머지 2개는 경공에게 주면서 말했지.

"여기 2개의 복숭아는 가장 공로가 큰 신하에게 주십시오."

그러자 경공은 누구든지 자진해서 복숭아를 먹을 만 하다고 생각하면 나오라고 했어. 평가해 보고 복숭아를 주겠노라고.

공손접(公孫接)이라는 장사가 나와서 말했지.

"나는 임금님과 사냥을 나갔을 때 호랑이를 잡은 적이 있소."

안자는 그에게 복숭아를 한 개 먹게 했어.

고야자(古冶子)라는 사람이 덩달아 일어났지.

"나는 임금님을 모시고 황하를 건널 때, 말을 물고 들어가던 괴물을 물리친 일이 있소."

안자는 그 공로를 인정 복숭아 한 개를 먹게 했어.

전개강(田開疆)이라는 사람도 질 수 없다는 듯 일어섰지.

"나는 서(徐)땅을 쳐서 장수를 죽이고 병사 500을 포로로 잡아 우리 임금님께서 맹주가 되시는데 결정적 역할을 했는데 이 정도의 공로는 어떻습니까?"

공로는 인정할 수 있었으나 주어야 할 복숭아가 없었지.

이렇게 되자 전개강은 공은 다른 두 사람을 능가하면서도 복숭아를 먹지 못했으니 조상을 볼 면목이 없다면서 길게 탄식하고는 자살해 버렸지. 성질도 급하게 시리~.

　그러자 공손접과 고야자 역시 자신들이 청렴치 못했다는 이유로 따라 죽어버렸어. 이유가 되는지는 모르겠지만.

연빈 〉 뭐야, 이게~. 아빠, 말이 안되잖아요?
아빠 〉 글~쎄다. 허나 이것이 보통 일은 아니겠지. 제갈공명도 다음과 같이 읊고 있는 것을 보면.

하루 아침에 참언을 입어, 복숭아 두 개로 세 장사를 죽였도다.
누가 이 같은 모략을 꾸밀 수 있었으리?
재상인 제나라 안자가 아니면.

　다음은 세 사람이 공모하면 없는 호랑이도 만들어낸다는 '삼인성호(三人成虎)'

삼인성호 三人成虎

연빈 〉 세 사람이 호랑이를 만든다. 뭐야, 호랑이를 어떻게 만들어?

아빠 〉 임마, 그래서 말을 잘 만들어야 한다고 했잖아. 이 말은 이렇
게 만들어야해. ‘세 사람이면 호랑이도 만들 수 있다.’ 라고.

연빈 〉 그래도 무슨 의미인지는 잘 모르잖아.

아빠 〉 그러니까 『전국책(戰國策)』의 「위책(魏策)」에 나오는 다음의 고
사가 필요한 거야.

오늘 일도 내일 아침에는 어떻게 될지 알 수 없었던 전국
시대.

위(魏)나라에 방공(龐恭)이라고 하는 외교관이 있었는데 어
느 해, 외교상의 문제로 태자를 모시고 고사성어 ‘한단지몽’
에 나오는 조(趙)나라 수도 한단(邯鄲)으로 가게 되었어,

매 순간 무슨 일이 어떻게 전개될지 알 수 없던 때인지라

갔다올 동안 왕의 관심이 자기에게서 멀어질까 몹시 걱정이
되었지.

그래서 당시 왕이던 혜왕에게 물었어.

"어떤 사람이 호랑이가 나타났다고 보고하면 믿으시겠습
니까?"

"안 믿지."

"그럼 두 사람이 그런 말을 하면 믿으시겠습니까?"

"글세, 반신반의하겠지."

방총이 다시 물었어.

"세 사람이 와서 호랑이가 나타났다고 하면 믿으시겠습니
까?"

"그렇다면 아마 믿게 되겠지."

그 말을 듣자 방총은 근심이 가득한 얼굴로 간절하게 말했
지.

그리고 방총은 조나라로 떠났지.

아빠 〉 바로 위의 이야기에서 '헛된 소문이 사실을 뒤덮는 법' 또는

‘아무리 거짓이라도 참말로 둔갑하기 쉽다’는 의미의 ‘삼인성호’라는 고사성어가 나오게 된 거야.

연빈 〉 그 방총이라는 사람이 조나라로 갔다가 돌아왔을 것 아니야?

아빠 〉 그랬지. 임무를 무사히 끝내고 태자까지 안전하게 모시고 돌아왔지.

그러나 위나라 혜왕은 다시는 그를 만나주지 않았어.

연빈 〉 저런, 뭐 그래? 바보 같은 왕이잖아.

아빠 〉 물론 위나라 혜왕의 지혜롭지 못함을 꼬집고 있기도 하지만, 그것이 바로 ‘삼인성호’의 진짜 의미야. 이미 모함하는 사람들에 의해 왕의 마음이 완전히 바뀌어버렸던 거지.

함부로 하는 말 중에도 그런 말이 있잖아.

‘여럿이서 한 사람 바보 만들기는 쉽다’는 바로 그런 의미야. 정말 조심해야겠지!.

다음은 ‘군자삼락(君子三樂)’

동의어

· 시호삼전 (市虎三傳 ; 저자거리 시, 범 호, 석 삼, 전할 전)
· 증삼살인 (曾參殺人 ; 일찍 증, 석 삼, 죽일 살, 사람 인)

군자삼락 君子三樂

|군자 군|군자 자|석 삼|즐길 낙/

|덕이 있는 군자는 세속적인 부귀영화보다 가족의 화목이나 청렴, 영재의 교육에 뜻을 둔다는 의미|

연빈 〉 와, 이거 잘 나왔다. 그러지 않아도 전부터 꼭 물어볼 것이 있었는데.

아빠 〉 뭔데?

연빈 〉 군자(君子)가 도대체 뭐야?

아빠 〉 글쎄, 한 마디로 꼬집어 말하기는 뭐 한데, 이렇게 생각하면 괜찮을 것 같구나.

공자를 시작으로 하는 유가(혹은 유교라고도 함)에서는 이상적인 인간의 모습을 몇 가지로 정해놓고 있는데 그 중에 하나가 군자라고.

그런데 문제는 군자가 뭐냐고 하면 오히려 생각하기가 어렵다는 거야. 그만큼 복합적인 의미를 가진 말이라는 것이겠지. 그래서 그 반대라고 얘기되는 '소인(小人)'이 아닌 사람이 군자라고 생각하는 것이 좋을 것 같아. 소인이야 대충 개념이 잡히잖아. '밴댕이 속 같은, 작은, 형편없는, 좁은, 시원찮은'

등등의 의미로.

연빈 〉 참 내, 아빠는…. 여하간 그 군자에게는 세 가지 즐거움이 있
　　　다는 거겠지?

아빠 〉 그럼, 그럼. 군자라는 인간상은 연빈이가 점점 커가면서 조금
　　　씩 알고 느껴가게 될 것이니까 일단 그 정도로 해놓고….
　　　이 말 '군자삼락' 은 바로 그런 뜻이니 『맹자(孟子)』의 「진심(盡
　　　心)」에 나오는 군자가 가진 세 가지 즐거움의 종류만 알면 되
　　　겠지.

　맹자가 자신의 책 『맹자』에서 말하고 있는 군자가 가진 세
가지 즐거움.

---

1. 부모가 함께 계시고, 형제가 무고한 것

2. 행위가 공명정대하여 하늘을 우러러 한 점 부끄러움이 없고,
　 땅을 굽어보아 사람들에게 창피하지 않은 것

3. 천하의 영재들을 얻어 교육하는 것

연빈 〉 그럼 왕은 뭐야? 군자면 왕이 되야 하는 것 아닌가?

아빠 〉 맹자는 왕노릇하는 것은 군자의 세 가지 즐거움에 포함시키
　　　지 않고 있어. 왕이 되면 그런 즐거움을 가질 수 없다는 생각
　　　에서 그런 것인지 아니면 통치자란 군자가 취할 바가 아니라

는 오만함을 곁들인 반골정신에서 그런 것인지는 모르지만.

연빈 〉 아빠, 맹자는 대단히 격렬한 사람이고 이상주의적인 사람이
었다고 하던데, 군자의 세 가지 즐거움을 보면 너무 소박한
것 같아.

아빠 〉 그러니? 사실 그렇게 말하는 사람들이 많아.

하지만 폐부를 찌르는 논리성, 호연지기 등에서 볼 수 있는
호방함, 안정된 직업이 있어야 안정된 마음도 있다는 구절,
즉 '無恒産者無恒心 有恒産者有恒心(무항산자무항심 유항산자유
항심)'에서 볼 수 있는 현실감 등 거의 모든 부분을 완벽하게
갖추고 있기도 해.

그런 맹자의 모습은 흔히 맹자 어머니의 교육 덕분이라고 해
서 최소한 교육문제에 관하여는 슈퍼스타가 된 분이 맹자의
어머니지.

그러므로 다음은 '맹모삼천(孟母三遷)'

맹모삼천 孟母三遷

| 맏 맹 | 어미 모 | 석 삼 | 옮길 천 / **이웃을 가려 사귀고, 환경을 골라 옮긴다는 의미** |

아빠 〉 '천(遷)'자가 좀 어렵지. 하지만 천도(遷都 ; 서울을 옮김), 변천(變遷 ; 변하여 바뀜) 등 우리가 익히 들어본 말을 생각하면 뜻이 '옮길 천'이라는 것을 쉽게 알 수 있을 거야.

연빈 〉 그러면 간단하지. 맹자의 어머니가 세 번 옮기다(이사하다)로 될 테니까.

아빠 〉 그럼 어떤 순서로 세 번을 옮겼을까 알아보는 일만 남았네.

연빈 〉 아빠, 옮긴 것만 알면 됐지 뭐, 순서도 꼭 알아야 되나?

아빠 〉 글쎄, 아빠도 약간 어리둥절하긴 해. 그런데 요번에 대학입학시험을 치른 친구의 아들이 그러는데 면접시험에서 '맹자 어머니가 세 번째 어디로 이사했냐?'고 물어 보더라나.

연빈 〉 저런, 그래서 그 오빠는 대답을 잘 했대?

아빠 〉 아니, 생각이 나지 않더래. 당연히 대답은 못하고.

연빈 〉 참 요샌 별 문제가 다 나오네. 어쨌든 신경을 써서 보아야겠군.

아빠 〉 특별히 신경 쓸 거야 뭐 있겠어! 여하간 『후한서(後漢書)』 「열녀
전(烈女傳)」에 나오는 다음의 고사를 살펴보기로 하자.

　맹자는 그의 어머니와 함께 처음에는 묘지 근처에서 살았
지.
　본 것이라곤 상여가 나가는 모습뿐이었을 테니까 친구들
과 놀 때도 맨 상여를 둘러메고 노는 짓만 하더라는 거지. 어
떤 때는 한 술 더 떠 흙무덤을 만들어 놓고 그 앞에서 곡(哭, 사
람의 죽음을 슬퍼하여 소리내어 우는 일)을 하더라는 것 아니겠어?
　이 모습을 본 맹자의 어머니, 분통이 터질 노릇이었겠지.
　그래서 이사를 했는데 이 번에는 시장 근처야.
　거기서 보는 것이야 또 무엇이겠어? 맨 날 흥정하는 것,
싸움하는 것, 고함치는 것 등등 장사꾼 흉내만 내며 노는 거
야.
　'아이고, 안되겠구나. 잘못하면 애 버리겠다.'는 생각이
든 맹자의 어머니. 이 번에는 큰 맘 먹고 서당 근처로 이사를
갔어. 요새말로 교육환경을 고려하여 내린 고뇌에 찬 파격적
인 결단이었지.
　눈만 뜨면 글 읽는 소리가 낭랑히 들려오고 늘 책에 대해
이야기가 오고가는 분위기다 보니 맹자 역시 서당의 아이들
처럼 단정히 앉아 글을 읽기 시작하더라는 거야!
　맹자 어머니는 비로소 안도의 한숨을 쉬게 되고, 맹자 역
시 그 정성에 보답하려는 듯 공부 열심히 해서 훌륭한 사람

이 되었다는 이야기.

연빈 〉 애들 학원비 마련한다고 아르바이트하는 요즘 엄마들에 비하
면 뭐 별 것도 아닌데?

아빠 〉 하하. 하긴 그렇기도 하네. 요즘 맹모의 후예들의 정성이야
대단하지.
하지만 좀 생각해 보아야 할 것이 있어. 그 정성은 똑같이 대
단하나 과연 무엇을 위한 정성인지를. 물론 그것도 생각하기
나름이겠지만.
여하간 처음에는 묘지 근처, 두 번째는 시장, 세 번째는 서당
근처로 자식의 교육을 위해 세 번 이사한 것을 가리켜 '맹모
삼천' 이라 하는 것만은 분명하지.

연빈 〉 근데 우리 집 교육환경은 어떻다고 생각하는지요? 아빠! 특
히 엄마나 아빠가 내는 소음에 대해서요?

아빠 〉 흠~흠, 흠~흠, 흠흠흠……. 넘어가기로 하자.
다음은 '조삼모사(朝三暮四)'

조삼모사 朝三暮四

|아침 조 | 석 삼 | 저물 모 | 녁 사 / **당장 눈앞의 이익만을 알고 그 결과가 같음을 모름을 비유** |

연빈 〉 아침에는(朝 아침 조) 세 개, 저녁에는(暮 저물 모) 네 개. 간단하
    긴 한데…

아빠 〉 한자들의 뜻은 간단한데 역시 무슨 이야기가 있어야겠지.
    우선 『열자(列子)』 「황제(黃帝)」편에 나오는 다음의 고사를 보기
    로 하자.

송(宋)나라에 저공(狙公)이라는 사람이 살았다.

얼마나 원숭이를 좋아했던지 이름 대신 '狙(원숭이 저)'를
쓴 저공이라는 명칭을 더 좋아했고 집안 사람들의 식량을 줄
이면서까지 원숭이를 기를 정도였어.

절약을 한다고 했지만 경제 사정은 하루가 다르게 어려워
져서 부득불 식량을 제한할 수밖에 없었지.

그 사정은 원숭이라고 예외일 수 없어 하루는 원숭이들에

게 말했어.

원숭이들은 아우성을 쳤어. 아침에 세 개를 먹으면 배가 고프다는 것이었지.

저공은 재빨리 말을 바꿨어.

그러자 원숭이들은 손뼉까지 치면서 좋아라 법석을 떨더라는 것이야.

연빈 〉 바보 같은 놈들. 그거나 그거나.

아빠 〉 바로 그거야. 결과는 똑같은데 그 똑같은 것을 알지 못하잖아. 다시 말해 '자신이 농락을 당하면서도 농락 당한다는 사실을 모르는 경우를 의미' 하는 거야.

연빈 〉 그렇지만 아빠, 그건 원숭이 입장에서 본 거고, 저공이라는 사람의 입장에서 본다면 농락하는 거잖아?

아빠 〉 그렇지. 그래서 열자는 '배운 사람이 배우지 못한 사람을 농락하는 경우' 에 이 말이 해당된다고 설명하기도 해. 여하간

저공 입장에서 보느냐, 원숭이 입장에서 보느냐에 따라 의미
에 약간의 차이가 난다고 보아야겠지.

연빈 〉 지금은 주로 어떻게 쓰이지?

아빠 〉 아무래도 저공이 원숭이를 놀렸다는 점에 비중을 두는 경우
가 많은 것 같아. 그러면 아무래도 '남을 농락하여 곤경에 빠
뜨렸다' 혹은 '사기를 쳐서 남을 속였다' 등등 남에게 해를
끼친다는 쪽으로 의미를 잡아가겠지.

연빈 〉 그게 옳은 것 같아.

아빠 〉 왜?

연빈 〉 아무래도 원숭이가 사람에 비해서는 약자잖아. 속이는 사람
이 나쁘지 속는 원숭이가 미련한 것은 아니잖아?

아빠 〉 글쎄다. 거참 그런가? 여하간 그건 그렇다 치고….
다음은 '사면초가(四面楚歌)'

사면초가 四面楚歌

| 주위로부터 고립되어 있는 상태나 사방으로부터 비난받음의 비유 |

아빠 〉 연빈이 장기 뒤봤지?

연빈 〉 응.

아빠 〉 그 장기판에서 이 글자, 즉 '楚(초나라 초)' 자가 가장 큰 장기 알에 파란 글자로 나와있는 것을 보았을 거야. 물론 반대편은 빨간 글자로 '漢(한나라 한)' 이 써져있고.

연빈 〉 맞아. 바로 그랬어.

아빠 〉 장기가 바로 한나라와 초나라의 싸움을 빗대 만들어진 것이기 때문이야. 결국 한나라의 승리로 끝났기 때문에 장기를 잘 두는 사람이 빨간색을 갖고 두게 되는 거지.

연빈 〉 아, 그랬었구나. 그럼 '사방에 초나라의 노래' 라고 해석이 되겠네.

아빠 〉 그렇지. 의미는 역시 사마천의 『사기(史記)』「항우본기(項羽本紀)」에 나오는 다음의 고사를 알아야 확실하게 알게 되는 것이지만.

천하패권을 놓고 벌인 초의 항우와 한의 유방이 싸운 8년 여의 한초전쟁(漢楚戰爭).

그 전쟁도 어느덧 거의 막바지로 치닫고 있었다.

개전 초 승승장구하던 항우는 홍문의 연회에서 유방을 죽이지 않은 것에 깊은 회의를 느껴 범증이 항우의 곁을 떠나고, 의제를 성급하게 죽인 일 등 거듭되는 악재로 오히려 유방에게 쫓기는 신세가 된다.

쫓기고 쫓기다 이윽고 다다른 막다른 골목 해하(垓下).

그 해하의 골짜기에 초나라 군사를 몰아넣은 유방의 일급 참모 장량. 그 장량이 준비한 초나라 군사들을 완전히 넉 다운 시킬 카운터 펀치. 그것은 다름 아닌 포로로 잡힌 초나라 군사들이 동서남북 사방에서 부르는 고향노래인 초가(楚歌).

이미 완전 포위로 전의를 상실한 초나라 군사들에게 포근한 고향노래가 들려오니 오직 고향으로 가고 싶다는 생각 외에 다른 그 무엇도 할 수 없는 상태.

마지막을 직감한 항우의 입에서 터져 나오는 탄식.

> "아아, 사방 팔방이 초나라 노래로구나."

연빈 〉 아, 그래서 '어찌해 볼 수 없는 절박한 상황'을 '사면초가'라고 하는구나.

아빠 〉 그렇지. 의미는 그렇듯 절박한 데 마지막 카운터 펀치가 고향노래라니! 왠지 서글픈 느낌도 드는구나. 물론 그만큼 장량의 지혜가 놀랍다는 반증이기도 하지만.

연빈 〉 그 후의 결과는 어떻게 됐을까?

아빠 〉 그 순간 항우는 늘 함께 하던 우미인을 향해 시를 하나 읊게
되지.

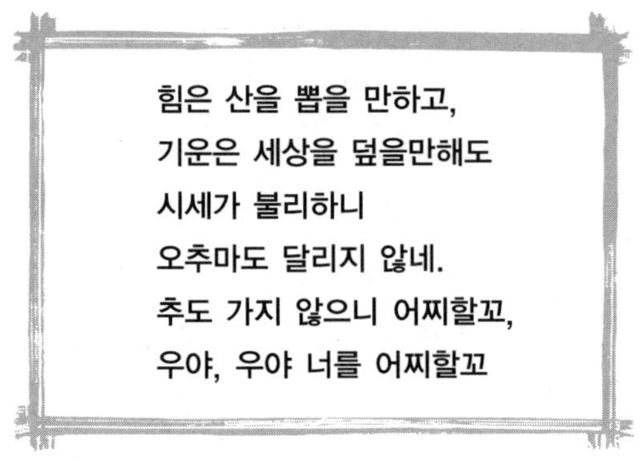

우미인 역시 다음과 같이 화답하고 자결하게 되지.

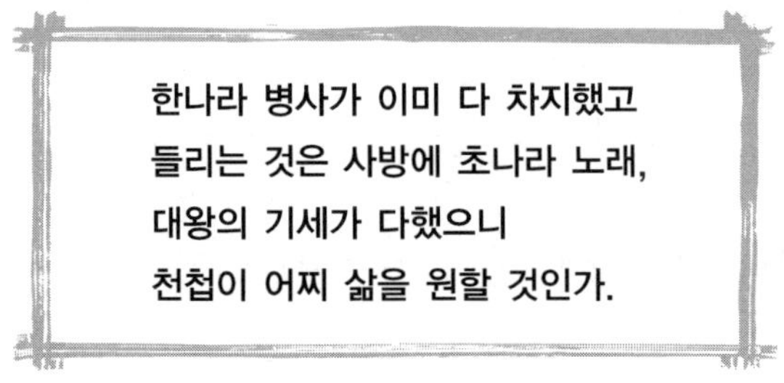

그리고 다음날 800명을 이끌고 탈출하나 곧 죽게되지. 오강
에 투신했다고도 하고, 한나라 군사와 접전 끝에 죽었다고도
하는데 여하간 그 때 나이 31살. 다음은 '오일경조(五日京兆)'

· 무소도야 (無所禱也 ; 없을 무, 바 소, 빌 도, 어조사 야)

오일경조 五 日 京 兆

| 다섯 오 | 날 일 | 클, 서울 경 | 조짐 조 / **일이 오래가지 못함을 비유** |

연빈 〉 경조(京兆)라는 말이 무슨 뜻이야?

아빠 〉 경조는 경조윤(京兆尹)이라고 요즘말로 하면 '서울시장' 정도
되겠다.

연빈 〉 그럼 '오일동안만 서울시장을 한다'?

아빠 〉 그래. 삼일천하(三日天下)니 백일천하(百日天下)니 하는 말들처
럼 '관직에 올랐다가(정권을 잡았다가) 금방 쫓겨남' 또는 '지나
치게 빨리 어떤 상황이 변경됨' 등의 의미지.
『한서(漢書)』 「장폐전(張敝傳)」에 나오는 다음 고사를 보면 더
분명히 알 수 있지.

서한(西漢) 선제(宣帝) 때
치안이 얼마나 엉망이었던지 도성 안에 도둑맞지 않은 집
이 없는 정도였다.

이런 상황에서 장폐라는 사람이 경조윤에 부임했는데 수년간 각고의 노력을 기울인 결과 어느 정도 평온을 되찾을 수 있었다.

그 과정에서 절친한 친구 양훈이 대역무도죄로 사형에 처해졌으며, 친구나 친척들이 줄줄이 벌을 받기도 했다. 본의가 아니었다해도 많은 사람들의 앙심을 사게될 수밖에 없었다.

그러므로 도성 안에는 오래지 않아 장폐가 경조윤에서 쫓겨날 것이라는 소문이 돌았다.

이때 그의 부하 중에 서순(絮舜)이라는 사람이 있었는데 직책이 사건처리담당이었다.

어느 날 장폐가 이 서순에게 사건 처리를 지시했는데 차일피일 미루기만 할 뿐 처리할 생각도 하지 않는 것이었다. 그리고는 한술 더 떠 다음과 같이 떠벌리기까지 하는 것이었다.

> "앞으로 장공(張公)이 경조윤의 자리에 얼마나 더 있게 될 것 같으냐? 내 생각엔 길어야 닷새야.
> 그런데 미쳤다고 내가 그의 명령을 따라?"

이 말을 전해듣게 된 장폐는 항명죄로 그를 구속했다가 며칠 후 처형해 버리게 된다.

연빈 〉 참 너무 성급하셨군. 그 서순이라는 사람.

 아빠와 함께 공부를! 고사성어 이야기

아빠 〉 하하, 그래도 '오일경조'라는 고사성어의 주인공이 되고 죽
었으니 여한이 없을까? 물론 농담이지만. 여하간 벼슬자리에
올라 오랫동안 버티지 못하거나 얼마 되지 않아 사퇴하는 경
우에 주로 쓰는 말이지.

요즘 우리나라 장관들이 그 직에 임명되었다가 오일경조하는
경우가 아주 많지. 그리고 우리 역사를 공부하다보면 개화기
때 김옥균 등이 갑신정변으로 정권을 잡았다가 3일 만에 물
러나게 되는 사건이 있어. 3일만에 물러났다고 해서 '3일천
하'라고 하는데 바로 이 오일경조와 같은 맥락에 있는 대표
적인 사건일거야.

연빈 〉 그런데 보통은 잘못해서 일찍 자리에서 물러나잖아. 그런데
이 고사성어가 만들어진 것은 장폐라는 주인공이 잘못해서가
아니라 서순이라는 어찌보면 엑스트라가 잘못 알고 괜히 지
껄인 것이 원인이 됐잖아.

아빠 〉 맞아. 약간 이상하게 느껴지는 부분이 있지? 그래서 단순히
일찍 물러난다는 의미 외에 '선한 관리에게는 백성에게 좋은
일을 하게 하고 탐관오리는 빨리 물러나게 한다'는 의미로도
쓰이는 거야.

다음은 '오리무중(五里霧中)'

· 삼일천하 (三日天下 ; 석 삼, 날 일, 하늘 천, 아래 하)

오리무중 五里霧中

| 다섯 오 | 마을 리 | 안개 무 | 가운데 중 /
| 방향을 가리지 못하고 길을 찾기 어려운 것처럼 무슨 일에 대하여 알 길이 없음을 일컫는 말 |

연빈 〉 '5리가 안개 속'이니 보이는 것은 아무 것도 없지.

아빠 〉 바로 그거야. 그래서 '뭐가 뭔지 알 수 없다' 또는 '찾을 수 없다' 또는 '범죄가 일어났을 때 범인의 행방이 묘연하여 갈 피를 잡을 수 없다' 등등의 의미로 사용되지.

그 유래가 『후한서(後漢書)』「장해전(張楷傳)」에 나오는 다음의 고사야.

장해의 부친 장패(張覇).

세상살이에 곡학아세(曲學阿世, 배운 것을 굽혀 세상에 아부함) 하지 않고 고고하게 살려는 선비였기에 조정에서 여러 번 불렀지만 벼슬 길에 나가지 않았다.

아들 장해 역시 아버지를 본받아 학자로서 일생을 마치고자 했으나 정치의 요체를 말하고 있는 책이라고 말할 수 있

는 고문상서(古文尙書 ; 서경. 4서 3경 중의 하나)에 능한 사람이 그
들 부자 밖에 없다는 것이 문제였다. 더구나 장패의 학문과
수많은 문하생들의 학문이 장해에게로 계승되는 형국이었
다.

그러므로 자연스럽게 주위의 사람들에 이끌리어 조정에
나아갈 수밖에 없었다.

조정에서는 난리였다. 환관은 환관대로, 관리는 관리대로,
학자는 또 학자대로 장해와 교분을 갖고자 별의별 수단을 다
동원했다. 그러나 그들 부자는 훌훌 모두 털어 버리고 고향
으로 돌아갔다.

지방수령은 지방수령대로 조정은 조정대로 여러 번 그를
벼슬자리에 천거, 임명했으나 번거롭다고 모두 거절하고 홍
농산(弘農山) 골짜기에 은거했다.

그러나 그곳까지 쫓아오는 학자들이 많아 다시 화음산(華
陰山)으로 도망쳤으나 또 다시 많은 사람들이 쫓아오자 다시
더 깊은 곳으로 은거했다.

그 당시 많은 특사들이 내려왔지만 장해를 만나지 못한 것
은 재빨리 피한 이유도 있지만 장해가 도술을 지녔기 때문이
라고 한다.

한편 당시 관서 지방에는 도사들이 많았다 한다. 특히 안
개를 다루는 도술에 관심이 많은 도사들이 많았는데 그 중에
배우(裵優)라는 도사는 그가 일으키는 안개의 범위가 3리였다
한다.

어느 날, 이 배우가 장해의 소문을 듣고 찾아왔다. 안개를

5리나 일으킨다는 장해에게 가르침을 받기 위해서였는데 그
는 헛걸음을 칠 수밖에 없었다.

장해가 5리나 되는 안개를 일으키고 숨어버렸기 때문이었
다.

연빈 〉 참 재미있네.

아빠 〉 재주가 많아도 편히 살 수 없는 거야. 다른 사람들이 내버려
두지 않으니까. 물론 그렇다고 공부를 하지 않을 수도 없는
법이지만.

연빈 〉 그런데 안개 속에서는 정말 아무 것도 못하나? 전쟁이 나면
여하간 싸우긴 해야 하잖아?

아빠 〉 대부분은 속수무책이지. 그러나 전설 같은 이야기도 있어.
중국의 초기 역사에서 복희, 신농, 황제, 요, 순, 우, 탕, 문무
를 합해 흔히 삼황오제(三皇五帝)시대라 하는데 그 중에서 황
제가 안개 속에서 전쟁을 하면서 지남철을 가지고 방향을 잡
아 승리를 했다는 거야. 그래서 '오리무중'을 그 의미로 사용
하기도 하는데 역시 전설 같은 이야기지.
다음은 '구사일생(九死一生)'

구사일생 九死一生

|아홉 구|죽을 사|한 일|살 생 / **죽을 고비를 여러 차례 겪고 겨우 살아난다는 의미**|

연빈〉아홉 번 죽었다가 한 번 살아난다. 어째 이상한데. 아홉 번을 죽었는데 어떻게 살아나지?

아빠〉하하. 그래서 해석을 잘 하라고 했잖아. 물론 죽으면 살아날 수 없지. 그러니 '死(죽을 사)'를 죽었다가 아니라 죽었다고 여길 정도의 상태, 즉 '죽도록 고생하다'로 하면 되겠지.

연빈〉그럼 '죽도록(죽었다고 생각될 정도로) 고생하다가 (겨우) 살아나다'가 되겠네.

아빠〉바로 그거야. 그렇게 말을 만들어 보고 나니 이제 알겠지? 왜 아빠가 한문은 아무리 쉬운 글자가 나와도 신경을 써서 말을 만드는 연습을 해야한다고 입버릇처럼 말하는 이유를.

연빈〉응, 알았어.

아빠〉그런데 우리가 흔히 '죽도록 고생하다가 겨우 살아나다'의 의미로 사용하는 '구사일생'은 그 연원을 보면 의미가 전혀 달랐지. 말이 약간 이상하지만 오히려 '아홉 번 죽었으니까

한 번도 살아날 수 없다'라는 식의 의미가 더 적절하다고 볼
수 있을 정도야.

연빈 〉 그건 또 무슨 소리?

아빠 〉 그 자세한 내막을 알려면 『사기(史記)』「굴원가생열전(屈原賈生
列傳)」에 나오는 고사를 살펴보아야 해.

주나라 말.

초나라의 공족으로 왕족을 관장하는 관직인 삼려대부까지
지낸 시인 굴원(屈原)이란 사람이 있었다.

이름이 평(平)으로 후대에 중국인의 정신세계에 지대한 영
향을 끼치고 시선, 시성(詩聖)으로 추앙받는 이백과 두보도 한
수 배웠다고 할 정도의 대단한 인물이었다.

그의 작품 약 25편 정도가 후세에 그의 지인들이 엮은 『초
사(楚辭)』라는 책에 수록되어 전해진다.

그 중에서 인생 자체에는 어려움이 많지만 자신은 결코 그
어려움에 굴복하지 않겠다는 불굴의 의지를 담고있는 「이소
(離騷)」라는 작품이 특히 유명하다. 발표 당시에는 그로 인해
유배를 당하는 등 수난을 겪게 했던 애물단지지만 훗날 불후
의 명작으로 평가되어 굴원을 일약 불멸의 스타로 만들어 주
게 된다.

바로 그 '이소'의 내용 중에 '아홉 번 죽어 한 번을 살아나
지 못한다 하더라도 후회하거나 원한을 품는 것은 족하지 않
다.'라는 대목이 있다.

‘구사일생’ 이라는 고사성어는 바로 이 대목에 그 끈을 대고 있다.

연빈 〉 정말! ‘살아난다’ 는 말은 없네.

아빠 〉 그렇지? 그러나 다시 한 번 곰곰 생각해 보면, ‘아홉 번 죽어 한 번을 살아날 수 없다 하더라도 후회하거나 원한을 품지 않겠다’ 는 것은 영원히 살겠다(산다)는 의미가 될 수도 있을 거야. 몸이 사는 것만이 사는 것은 아니니까.

연빈 〉 맞아. 그래서 아마 후세 사람들이 ‘구사일생’ 을 지금 의미로 쓰게 되었을 것 같애.

아빠 〉 후에 굴원은 결국 타협하며 더럽게 사느니 차라리 깨끗하게 죽겠다며 돌을 안고 멱라수(汨羅水, ^{호남성 상수의 지류})에 뛰어들어 자살하는데, 그가 죽은 5월 5일에는 지금도 중국의 강남지방 사람들은 용두선을 타고 갈대 잎에 싼 송편을 멱라수에 던지며 굴원을 추모한대.
3000년이 넘어도 그의 정신이 살아있다는 증거겠지.
다음은 ‘구우일모(九牛一毛)’

구우일모 九牛一毛

| 아홉 구 | 소 우 | 한 일 | 털 모 /
| 아홉마리 소 가운데서 뽑은 한 개의 털이라는 뜻으로 아무것도
아닌 하찮은 일을 비유 |

연빈 〉 아홉 마리 소(牛 소 우), 한 올의 털(毛 털 모). '아홉 마리 소의
털 중에서 한 올의 털'이라고 하면 말이 좀 되겠다.

아빠 〉 잘했다. 아홉 마리 소의 털은 과연 몇 개나 될까?

연빈 〉 그 것들을 어떻게 다 세? 무지무지하게 많을 텐데.

아빠 〉 그 무지하게 많은 것 중에서 하나니 별 것 아니겠지? 그렇다
면 이 '구우일모'의 의미는 당연히 '별 것 아닌 하찮은 것'으
로 그에 관한 고사의 출처는 『한서(漢書)』「문선(文選)」

전한(前漢) 무제(武帝) 때,

이릉(李陵)이라는 장수가 이사장군(貳師將軍) 이광리(李廣利)
의 별동대로 흉노와의 전쟁에 선봉을 맡게 되었다. 불과
5,000의 군사로 수십 배의 흉노와 용감히 싸웠어.

중과부적인데다가 이광리가 지원군을 보내주지 않아 불가

불 생포될 수밖에 없었지.

패배의 소식을 접한 것도 울화통이 터질 지경인데 수 천리를 화급히 달려온 전령에게 이릉이 적에게 투항했다는 보고를 받은 무제는 머리끝까지 화가 치밀어 이릉의 일족을 모두 몰살시키려 하게 되지.

사태가 이 지경이면 이릉을 옹호할 사람은 당연히 없지. 자신의 목숨부터 챙겨야 될 것이니까.

그런데 나서는 사람이 있었어. 후대 동양 역사학의 아버지라 불리는 사마천, 그는 역사가의 예리한 안목으로 사태에 대한 진상을 직시하고 이릉을 옹호했는데, 다음은 그 주장의 요지야.

1. 이릉의 군사는 소수였고, 흉노는 대군이었다.

2. 패배의 원인은 이사장군 이광리가 원군을 보내지 않았기 때문이다.

3. 만약 이릉의 항복이 사실이라면 죽기보다는 살아서 훗날 한나라 조정에 보답할 길을 찾을 방편으로 선택한 길일 것이다.

이런 그럴듯한 의견을 피력했지만 이미 극도로 화가 나 정상적인 판단을 할 수 없게 된 무제는 그 화풀이를 사마천에게로 돌려 그를 궁형에 처하게 돼.

그런데 이런 상황에서도 조정 관료들은 옳다 그르다 아무런 말들이 없는 거야. 그야말로 꿀 먹은 벙어리들만 갖다 앉혀놓은 형색이었어. 이것을 보자 사마천의 입에서는 저절로 탄식이 흘러나왔는데 '구우일모'라는 고사성어는 바로 그 사마천의 탄식에서 나오게 된 거야.

> "아아, 세상 사람들은 내가 이런 형벌을 받는데도 눈썹 하나 까딱하지 않는구나! 아홉 마리 소의 터럭 중에서 한 올의 터럭이 없어진 것처럼 하찮게 느끼겠지…"

연빈 〉 아빠, 그런데 궁형이 뭐야?

아빠 〉 남자의 생식기를 거세하는 형벌인데, 육체적인 고통도 문제지만 명예에 관한 치욕적인 형벌로 인식되어 이 형벌을 받은 사람은 거의 자결하는 것이 관례였지.

연빈 〉 그런데 사마천은 왜 자살을 안 했지?

아빠 〉 아버지가 통사를 쓰라는 유언을 내렸기 때문이야. 그러나 워낙 수치스런 형벌이다 보니 마음의 부담이 심했을 거야.
하지만 '죽음은 때론 태산보다 무겁고 때론 깃털보다 가벼운 법.'이라고 한걸 보면 자신의 죽음에 무게를 두어 오히려 가볍게 죽느니보다 사는 쪽을 택한 것 같아.
다음은 '오십보백보(五十步百步)'

· 창해일속 (滄海一粟 ; 큰바다 창, 바다 해, 한 일, 좁쌀 속)

오십보백보 五十步百步

| 다섯 오 | 열 십 | 걸을 보 | 일백 백 | 걸을 보 /
| 차이는 있지만 크게 보아서는 본질상 차이가 없음을 의미 |

연빈 〉 오십 걸음이나 백 걸음이나.

아빠 〉 어, 그럼 설명할 것도 없잖아. 맞아! 겉으로 보기에는 또는 당신 생각에는 차이가 많이 나는 것 같아도 '별 차이가 없이 그게 그거다.' 라는 의미야.

이에 대한 고사는 『맹자』 「양혜왕(梁惠王)」편에 나오는데 이야기도 이야기지만 맹자가 자신의 주장을 어떻게 풀어나가는지를 살펴보는 것이 중요해. 아주 중요한 논술의 방법, 상대방을 굴복시키는 방법 등등 많은 소득을 얻을 수 있으니 신경 좀 쓰도록 해야된다.

양혜왕은 비교적 맹자에게 호감을 갖고 그의 말을 많이 경청했던 위(魏)나라의 제후였다. 그런 그가 양혜왕으로 불리는 이유는 진나라의 위협을 피해 수도를 양(梁 ; 지금의 개봉)으로 옮긴 때문인데, 또한 그 당시는 제나라와의 싸움에서도 크게 패한 후이기도 했다.

한 마디로 나라의 형편이 말이 아니었기에 맹자 같은 현사(賢士, 어진 선비)들의 의견이 무엇보다도 필요했던 때였다.

바로 이런 시기에 일찍부터 맹자에게 부국강병(富國强兵, 나라의 경제력을 넉넉하게 하고, 군사력을 튼튼하게 하는 일)의 방책(方策, 방법과 전략)을 듣고 어느 정도 공감하기도 했고 백성에 대한 사랑이란 문제에 대해서도 어느 정도 생각을 해 가던 터라 약간의 자신을 갖고 맹자에게 묻게 된다.

> "나는 하내 지방에 흉년이 들면 그 지방의 젊은이들은 하동으로 옮기고 남은 노약자들에게는 하동 지방으로부터 식량을 가져다가 굶주림을 면하게 하고, 하동 지방에 흉년이 들면 그 반대로 했습니다. 이런 식으로 백성들을 배려했지요.
>
> 이웃나라를 살펴보니 나만큼 백성을 배려하는 군주도 없더군요. 그런데 다른 나라의 백성들은 줄지 않고 우리나라의 백성들 역시 늘지 않으니 그 이유가 도대체 무엇입니까?"

사실 이 질문은 양혜왕이 사실상 그렇게 실행했기에 어느 정도 자부심을 가지고 한 것이다. 또한 이 질문은 맹자에 대해 질책하는 의미를 갖기도 한다. 양혜왕 자신이 맹자의 말들에 많은 공감을 표시했고 어느 정도는 그 의견에 따라 실행한 것인데 결과가 없다는 은근한 투정으로도 볼 수 있기 때문이다.

그러나 맹자가 누군가?

끝까지 왕도정치(王道政治, 유교정치사상이 추구하는 이상적인 정치)라는 대전제를 고수하고 그 대전제를 이루기 위해 논리를 갈고 닦은 인물이 아니었던가? 그의 대답은 간단했다. 여기서 언급되는 고사성어 '오십보백보'만을 가지고 말하면,

양혜왕이 아니라 그 누구라도 당연히 다음과 같이 대답했을 것이다. 물론 이것 역시 맹자의 교묘한 논리의 연장선상에 있는 것이지만….

이 말이 떨어지자마자 단 칼로 무를 자르듯 맹자는 선언한다.

연빈 〉 역시 무서운 맹자네!

아빠 〉 그렇지? 조금이라도 그 무서움이 느껴지면 다행이라고 할 수 있지.

　　　다음은 '백년하청(百年河淸)'

백년하청 百年河淸

| 아무리 기다려도 실현될 수 없다는 뜻으로 믿을 수 없는 일을 언제까지나 기다린다는 것을 비유 |

연빈 〉 백년동안 하천이 맑다. 이게 뭐야?

아빠 〉 한문에서는 보통 강(江)하면 중국 양자강을, 하(河)하면 황하 (黃河)를 나타내지.

연빈 〉 그러면 '백년동안 황하가 맑다'. 그래도 전혀 의미를 모르겠는데.

아빠 〉 이 고사성어는 말을 만들기가 참 어려워. 물론 알고 나면 그렇구나 하지만. '백년이 되도 황하의 물은 맑아질까?" 이 정도로 말을 만들어야 돼. 그럼 의미를 알 수 있겠지?

연빈 〉 그럼 알 수 있겠다. 황하가 보통 누렇다고 하니까 '백년이 가도 그 누런 황하가 맑아지지 않는다.' 뭐 그런 얘기인가 보네.

아빠 〉 맞아. 황하가 맑아지려면 보통 천년이 걸린다고 하는데 굳이 백년을 쓴 이유는 맑아지지 않는다는 상태, 다시 말해 '실현 가능성이 없음'을 나타낸다고 보아야겠지. 그래서 그런지 지금 우리들도 역시 그런 의미로 사용하지. 또 설혹 이루어진다

하더라도 너무 시간이 많이 걸려 늦는 경우에 쓰일 수가 있겠지. 옛날 아빠도 할머니, 할아버지에게 늦잠 잔다고 꾸지람을 들을 때 다음 부터는 안 그런다고 하면 늘 말씀하셨지. '이놈, 백년하청이다' 라고.

정(鄭)나라가 채(蔡)나라를 공격했다.

당연히 채나라와 동맹을 맺은 초나라의 움직임이 부산해졌다. 공격에 대한 자세한 정보는 없었으나 겨울에 초나라 명장 자양(子襄)이 정예병을 이끌고 정나라를 칠 것이라는 소문이 파다했다.

정나라 역시 가만히 있을 수는 없는지라 전략회의를 열었는데 싸우자는 의견과 항복하자는 의견이 팽팽했다. 항복하자는 쪽의 대표격인 자사(子駟)가 입을 열었다.

그러나 맞서 싸워야한다는 의견도 만만치 않았다.

> "소국이 대국을 섬기는 데도 일정한 틀이 있소. 당장 위급하다
> 고 항복해 버리자는 것도 대세가 아니오. 우리나라는 오랫동안 진
> 나라와 동맹을 맺어왔기 때문에 우리의 위급함을 진나라가 나 몰
> 라라 방치할 리가 없소.
>
> 더구나 초나라 병사들은 여기까지 올 동안 지치고 또 식량도 많
> 이 소모했을 터이니 결코 오래 견딜 수는 없을 것이오."

연빈 〉 결과는 어떻게 됐어?

아빠 〉 아쉬운 대로 자사의 의견에 따라 화평을 맺고 큰 위기는 넘겼
어. 초나라의 정나라 공격이 각국의 이해관계에 영향력을 미
칠 정도의 큰 사건은 아니었던 거겠지.

여하간 이 사건에서 화평론자인 자사가 인용한 주나라 말은
『춘추좌씨전(春秋左氏傳)』「양공(襄公) 8년조(八年條)」에 나오는 말
이야. 삼국지의 관우가 너무너무 좋아한.

여기까지가 숫자가 들어간 고사성어야.

다음부터는 두 자로 된 고사성어를 보겠는데 맨 처음은 나이
에 관계된 '고희(古稀)'

고희 古稀

| 예 고 | 드물 희 / **70세를 일컬음, 옛날에는 일흔 살까지 산다는 것은 드문 일이다는 뜻** |

연빈 〉 옛날에는(古 옛 고) 드물었다(稀 드물 희). 도대체 뭐가 드물었다는 거야?

아빠 〉 말을 잘 만들긴 했는데 약간 부족하구나. '옛날부터 (거기까지 이르기는) 드물었다' 라고 말을 만들어야해.

연빈 〉 거기까지라니?

아빠 〉 중국사람들은 보통 어떤 나이를 이야기할 때 비유하기를 좋아했지. 연빈이는 혹시 약관(弱冠)이라는 말을 들어봤니? 20살을 가리키는 말인데.

연빈 〉 들어본 적이 있어. 나이가 어린데도 아주 대단한 일을 했을 때 '약관의 나이에 아주 훌륭한 일을 해냈다.' 뭐 그런 식으로 얘기하던걸.

아빠 〉 맞아. 18살 또는 22살에도 약관이라고 막 사용하지. 그러나 약관이라는 말은 꼭 20살에만 사용해야 하는 거야. 그런 것처럼 옛날에는 보통 그 나이까지 살기가 어려운 나이를 70살로 보았어. 물론 지금이야 그렇게 말할 수가 없겠지만.

연빈 〉 그럼 70살을 '고희'라고 한다는 건데, 그럼 그렇게 말한 사람이 있다는 거야?

아빠 〉 어떤 특정한 사람이 그랬다는 것은 아니야. 다만 시에 관한한 성인의 경지에 갔다고 평가받는 두보(杜甫)라는 사람의 시에 「곡강(曲江)」이라는 것이 있는데, 그 시속의 이 '고희'라는 말이 사람의 나이 70을 기막히게 나타낸다고 보게 된 거지. 아직 나이가 어려 실감은 나지 않겠지만 그 시를 한 번 보면 그럴듯하다는 생각은 들거야.

朝回日日典春衣 每日江頭盡醉歸(조회일일전춘의 매일강두진취귀)
酒債尋常行處有 人生七十古來稀(주채심상행처유 인생칠십고래희)

우리말로 옮겨보면…

조정에서 돌아올 때마다 봄옷을 저당 잡히고, 매일 강어귀에서 완전히 취해 돌아오네
외상 술은 찾고자하면 늘 가는 곳마다 있지만, 인생 칠십은 옛날부터 드물었다네

아빠 〉 물론 이 뒤로 내용이 더 이어지지. 그러나 이 정도만 해도 '고희'라는 말이 '인생칠십고래희'에서 나왔다는 것은 분명

히 알 수 있을 거야.

사실 두보는 불우했어. 늘 병을 달고 다녔고 전쟁에 쫓겨 유랑했는데 천신만고 끝에 얻은 벼슬 또한 별 볼일 없는 낮은 직책이었어. 그러니 아무래도 시선(詩仙, ^{천재적인 시인})이라 추앙받는 이백처럼 생사에 초연할 수는 없었겠지.

연빈 〉 참 아빠가 아까 중국사람들은 나이를 그냥 말하기보다 비유를 들어 말하기를 좋아했다고 했는데 그럼 다른 나이들은 뭐라고 말했어?

아빠 〉 15살은 공부에 뜻을 둔다고 해서 지어학(志於學), 20살은 관을 쓴다고 해서 약관(弱冠), 30살은 자신을 세운다고 해서 이립(而立), 40살은 헷갈리지 않는다고 해서 불혹(不惑), 50살은 하늘의 뜻을 안다고 해서 지천명(知天命), 60살은 무슨 말을 들어도 편하게 여긴다고 해서 이순(耳順)이라고 했지.

그리고 70살은 마음먹은 대로 행해도 법도에 어긋남이 없었다는 의미의 종심소욕불유구(從心所欲不踰矩)라는 좀 어려운 말을 썼는데 이 말과 같은 의미가 바로 '고희'가 되는 거지.

다음은 '퇴고(推敲)'

· 종심소욕불유구 (從心所欲不踰矩 ; 따를 종, 마음 심, 바 소, 바랄 욕, 아니 불, 넘을 유, 법 구)

퇴고 推敲

| 밀 퇴 | 두드릴 고 / 문장을 다듬고 어휘도 적절한가를 살피는 일을 의미 |

연빈 〉 아빠, 앞에 글자는 '추측한다' 고 할 때의 '추(推)' 잖아?

아빠 〉 본래는 그렇지. 그러나 이 경우, 즉 '퇴고(推敲 : 밀고 두드림, 즉
　　　 글을 지을 때 글자나 구를 정성껏 다듬고 고침)' 의 경우는 '퇴(推)' 라고
　　　 읽어야 되는 거야.

연빈 〉 역시 그에 관한 고사가 있겠네?

아빠 〉 당연하지. 『당시기사(唐詩紀事)』「가도(賈島)」편에 나오는데 내용
　　　 은 다음과 같아.

　가도라는 당시로는 신출내기 시인이 노새를 타고 가다 문
득 시 한 수가 떠올랐다는 거야.
　지금도 그렇지만 일단 시심이 발동하면 가만히 있을 수 없
지. 입으로 계속 되 뇌이며 시를 다듬어야지. 물론 휘적휘적
앞으로 가는 노새의 등위에서.

후세에 전해지는 그 시는 「題李凝幽居(제이응유거 : 이응의 그 윽한 거처에 붙임)」라는 것인데 내용은 다음과 같아.

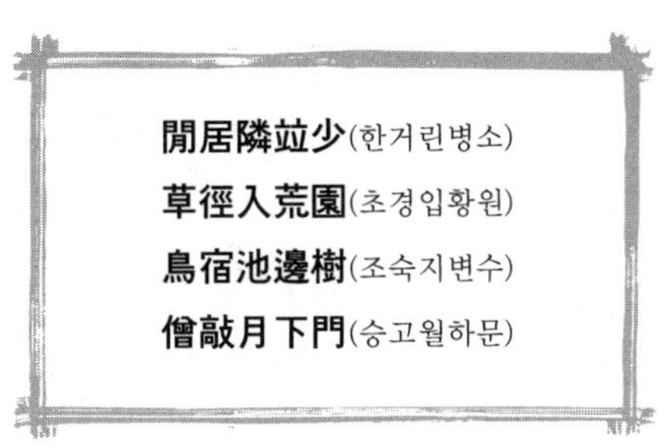

그런데 문제가 있었어. 다른 글자들은 다 괜찮은데 마지막 구절 중 지금은 '敲(고)'로 된 부분에서 '민다(推)'라고 하는 것이 좋은지 '두드린다(敲)'라고 하는 것이 좋은 지가 고민이었던 거야.

오직 그 생각으로 한참 헤매고 있는데 느닷없이 호통소리가 들려오는 것이었지. 당시의 대문장가면서 요즘으로 치면 서울시장 격인 한유(韓愈)의 행차와 부딪힌 것이었어.

노새에서 끌어내려져 한유 앞으로 가게된 가도는 매우 불안했지만 자초지종을 이야기했지.

상세한 내용을 다 듣게된 한유는 잠시 생각하더니 말하는 것이었어.

"민다(推)고 하는 것보다는 아무래도 두드린다(敲)라고 하는 것이 낫겠소."

과연 대문장가다운 모습이지. 이로부터 둘은 당연히 막역

한 시우(詩友 : 시 친구)가 되고 서로의 시에 영향을 주게 되었
지.

연빈 〉 아, 그래서 글을 잘 쓰기 위해 고치고 다듬는 것을 '퇴고'라
　　　고 하게 된 것이구나.
아빠 〉 그렇지. 그래서 지금도 무슨 글이든지 쓰고 나면 퇴고를 잘
　　　하라고 말하게 된 거지. 참 그러고 보니 위의 시를 깜빡 했네.
　　　우리말로 옮기면…

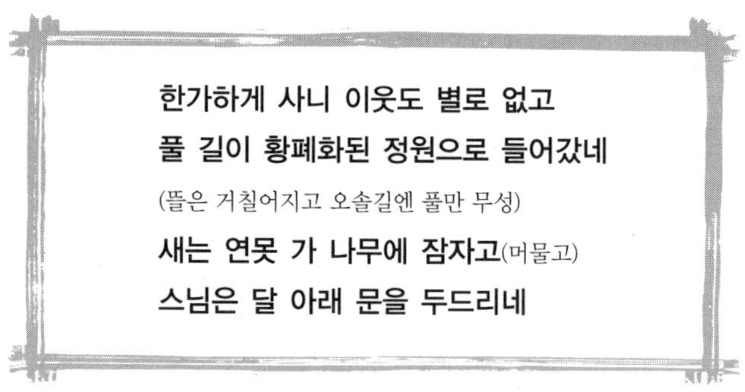

　　다음은 '모순(矛盾)'

모순 矛盾

연빈 〉 矛(창 모), 盾(방패 순). 그러면 '창과 방패'가 되니 간단하네.

아빠 〉 간단해? 그런데 이 말이 '말과 행동이 앞뒤가 서로 안 맞는다'는 의미로 쓰이는 것은 어째서일까?

연빈 〉 엥, 그런 의미가?

아빠 〉 그래서 아빠가 전부터 글자가 쉬우면 오히려 다른 의미가 있다고 조심하라고 했잖아.

연빈 〉 그럼 이 말에도 역시 고사가?

아빠 〉 그렇고말고. 『한비자(韓非子)』라는 책 중 「난세(難勢)」편에 나오는 다음의 이야기를 알아야 '모순'의 의미를 분명히 알 수 있는 거야.

전쟁으로 해가 뜨고 해가 지던 전국시대,
한 사람이 시장에서 방패를 죽 늘어놓고 팔면서 손님을 부르고 있었지.

"자, 오세요. 끝내주는 방팹니다. 이 방패로 말할 것 같으면 그 어떤 창도 뚫을 수 없이 견고한 명품 중의 명품입니다. 아무리 강하고 예리한 창이라도 결코 이 방패를 어쩌지는 못합니다. 자, 사세요!"

얼마 후 그 사람은 다시 창을 팔기 시작했어. 그런데 아까보다 더 큰 목소리로 다음과 같이 외쳐대는 거야.

"천하에 이 창으로 뚫지 못하는 것은 없습니다. 예리하고 강해 이 창 앞에서는 그 어떤 것도 배겨나지를 못합니다."

가만히 듣고있던 한 노인이 나직한 목소리로 말했지.

"과연 당신의 방패와 창은 훌륭한 것 같소. 그러나 좀 이해하기 어려운 것이 있소. 궁금증을 풀어주기 위해서라도 그 창으로 방패를 한 번 찔러봐 주기 바라오. 어느 쪽이 이기는지 똑똑히 보아야겠소."

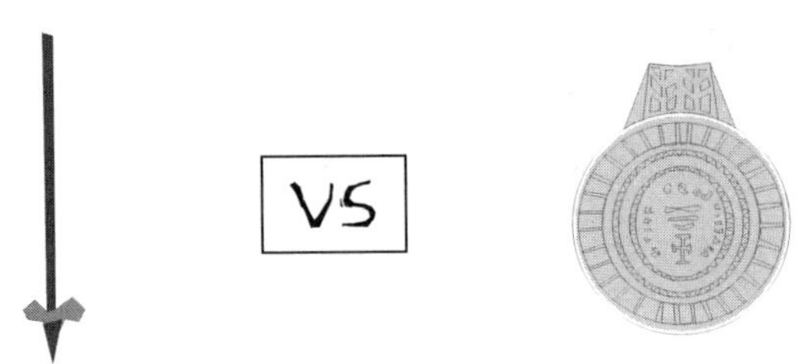

그러자 그 장사꾼은 꿀 먹은 벙어리가 되어 주섬주섬 물건을 챙기더니 슬그머니 사라지더라나. 그 모습을 보고있던 주위 사람들의 입에서 폭소가 터져 나온 것은 물론이고.

연빈 〉 저런, 자기가 파놓은 함정에 자기가 빠졌네.

아빠 〉 바로 지금 네가 한 그 말, 즉 자기가 파놓은 함정에 자기가 빠
졌다는 것이 바로 '모순'의 의미야. 글을 쓰거나 말을 할 때
도 종종 이런 실수를 하잖아. 약간 어려운 말로 '오류(誤謬)'
라고도 하는데 같은 의미야.

연빈 〉 그럼 앞으로 배울 논술에서는 이런 모순에 빠지면 안되겠는
데?

아빠 〉 당연하지. 논술에서는 더구나 자기의 논리 전개가 모순인지
아닌지를 따지는 것은 기본이야. 기본. 우선 모순이 되지 않
은 후에 내용이고 뭐고를 따져야 되는 거야. 모순에 빠져버리
면 더 이상 이것저것 따질 필요가 없는 거지. 그야말로 '땡'
치는 거지.

연빈 〉 대단히 중요한 거구나. 보통은 앞뒤 말 신경 안 쓰고 대충대
충 얘기하곤 했는데 안되겠네.
앞으로는 정말 신경 써야지.

아빠 〉 암, 그렇고 말고. 다음은 '기우(杞憂)'

· 자가당착 (自家撞着 ; 스스로 자, 집 가, 부딪칠 당, 붙을 착)

기우 杞憂

| 구기자, 기나라 기 | 근심할 우 / **쓸데없는 걱정을 이르는 말** |

연빈 〉 아빠, 우(憂)가 '근심 우'라는 것은 알겠는데 기(杞)에 대해서
　　　는 전혀 모르겠어.

아빠 〉 그렇지? 흔히 쓰는 글자가 아니라서 그런데, 나라이름을 나
　　　타내는 글자야.

연빈 〉 나라? 그럼 '기' 나라야?

아빠 〉 그래. 그래서 글자대로의 뜻은 '기나라 사람의 근심'이 돼.

연빈 〉 근심이야 다 똑같지. 기나라 사람의 근심은 별다른가?

아빠 〉 별다른가 봐. 고사성어가 돼서 이렇게 역사에 길이 남아있는
　　　것을 보면.

연빈 〉 도대체 어떤 근심인지 되게 궁금하네. 빨리 고사를 보아야겠
　　　다.

공자가 늘 사모했던 시대인 주나라 시대, 기(杞)라고 하는

나라에 정말 '걱정도 팔자' 라는 말에 어울릴 법한 사람이 있었지.

그의 걱정거리는 정말 남들로서는 상상할 수도 없는 것이었어. 하늘이 무너지고 땅이 꺼질까 걱정했다는 거야. 그것도 단순히 걱정하는 정도가 아니라 그로 인해 잠도 자지 못하고 밥도 먹지 못했다는 거야.

기가 막힌 일이지. 허나 걱정되고 안타까워 두고 볼 수만은 없는 일이었기에 어떤 사람이 친절하게 설명해 주었어.

"이보게, 하늘은 기운이 쌓여있는 것인데 기운이 없는 곳은 없어. 우리가 몸을 굽혔다 폈다하는 것, 숨쉬는 것, 가고 오는 것 모두 다 하늘 속에서 이루어지지만 높아지거나 낮아지거나 아무런 손상도 없잖아? 왜 하늘이 무너질까 걱정하나? 걱정할 것 없어."

이 말을 듣자 새로운 걱정이 생각났다는 듯 말했어.

"하늘이 기운이 쌓인 거라면 해와 달은 당연히 떨어지지 않을까?"

"해와 달 역시 기운 속에서 빛나고 있는 거야. 떨어질 리도 없지만 떨어진다 해도 해와 달이 중상을 입겠나, 자네가 크게 다치겠나? 걱정하지 말게."

하나 하나 설명해주니 양양했던지 걱정이 꼬리를 물었어.

"왜 땅은 꺼지지 않지?"

"땅은 흙덩이가 쌓여있는 것 뿐이야. 그리고 흙덩이는 빈틈없이 여기저기 꽉 차서 없는 곳이 없어. 자네가 달리거나 구르거나 넘어지거나 쑥 빠지지 않고 항상 땅 위에 있잖아.

땅이 꺼질까 걱정할 필요는 없네.”
　여기까지 듣고서야 겨우 안도의 한숨을 쉬더라나.

연빈 〉 정말 걱정도 가지가지네. 그렇다면 기우란 ‘쓸데없는 걱정’
　　　이란 의미겠네.
아빠 〉 바로 그거야. 이 이야기는 『열자(列子)』 「천서(天瑞)」편에 나오
　　　는데 의미도 의미지만 열자의 다음과 같은 의견이 더 재미있
　　　는 것 같애.

　　　‘하늘과 땅이 파괴되지 않는다고 말하는 것 또한 잘못이다. 파
　　괴되니 안되니 하는 문제는 우리들로서는 알 수 없는 일이기에.
　　　그러나 파괴된다고 하는 자에게도 하나의 도리가 있는 것처럼
　　그 반대의 경우도 마찬가지다.
　　　그러므로 생(生)은 사(死)를 모르고, 사는 생을 모른다. 미래는 과
　　거를 모르고 과거는 미래를 모른다.
　　　천지가 파괴되니 안되니 하는 것을 우리가 어떻게 고려할 수 있
　　겠는가?’

　　　다음은 ‘경국(傾國)’

동의어

· 기인우천 (起人憂天 ; 기나라 기, 사람 인, 근심할 우, 하늘 천)

경국 傾國
| 기울 경 | 나라 국 / **나라를 위태롭게 함** |

연빈 〉 나라를 망치다(傾 기울 경). 어! 우리가 보통 듣는 뜻과 다르네.

아빠 〉 뭐라고 알고 있는데?

연빈 〉 '나라를 기울일 정도의 미인'이라고 알고 있는데….

아빠 〉 두 가지 다 맞아. 본래는 '경국(傾國)'이 '나라를 위태롭게 하다'라는 의미였어. 그런데 경국지미(傾國之美)라는 말과 결합되면서 '나라를 뒤집을 정도의 미인'이라는 의미가 되었는데 지금은 완전히 이 의미가 되어버렸지.

연빈 〉 그 이유가 도대체 뭐야?

아빠 〉 다음과 같은 두 가지 고사가 관계되어 있어서 그래.

[1]

항우와 유방이 한참 공방을 벌이고 있던 무렵, 항우의 거점인 팽성을 일시 점령했던 유방은 항우의 반격으로 허겁지

겁 팽성을 탈출하게 된다. 너무 경황이 없었던지라 유방은 부모와 처자식을 미처 챙기지 못한다. 한참 후 정신을 수습하고 나서야 그 사실을 알게 된 유방은 죄책감으로 몹시 괴로워하게 되는데 이를 보다 못한 한 사람이 항우로부터 유방의 부모와 처자식을 무사히 구출한다. 그것도 세 치 혀만을 가지고.

그는 후공(侯公)이라는 사람이었는데, 이 후공의 변설(辯舌 : 입담 좋게 말을 잘 하는 재주)에 대해 유방이 한 다음과 같은 평가가 바로 '경국(傾國)'의 유래다.

> "그대야말로 천하에서 으뜸가는 변사로다. 그 누가 있어 그대의 변설을 당할 것인가? 그 변설이면 나라라도 기울게 할 것이다."

[2]

한나라 무제(武帝)의 총애를 받던 가수 이연년(李延年)이 어느 날 무제 앞에서 노래를 불렀다. 그 노래의 가사는

北方有佳人兮(북방유가인혜 : 북방에 가인이 있는데)
絶世而獨立兮(절세이독립혜 : 세상으로부터 우뚝 선 존재)
一顧傾人城兮(일고경인성혜 : 한번 돌아보는 모습에 성이 무너지고)
再顧傾人國兮(재고경인국혜 : 다시 돌아보는 모습에 나라가 무너질 지경)
寧不知傾城傾國(영부지경성경국 : 성을 기울게 하고 나라를 기울게 함을 어찌 모르랴만)
佳人難再得(가 인 난 재 득 : 가인은 다시 얻기 어려운 법이다)

　이 노래를 듣고 노래 속의 여인을 바라던 무제는 결과적으로 이연년의 누이동생을 만나 사랑하게 되는데, 이 노래로부터 경국지미(傾國之美) 또는 경국지인(傾國之人)이 '나라를 뒤집을 정도의 미인' 이라는 의미가 된다.

아빠 〉 이만하면 설명을 덧붙일 필요는 없겠지? 그럼 다음에는 3자 고사성어들을 보기로 하자.

처음은 '등용문(登龍門)'

등용문 登龍門

|오를 등|용 용|문 문 / **입신출세의 관문을 비유**|

연빈 〉 아, 이건 쉽다. '용(龍 용 용)을 올리는(登 오를 등) 문(門 문)'. 어,
　　　이상한데. '올라가는 용의 문'. 이것도 이상한데.
　　　아빠, 글자는 쉬운데 도대체 말이 만들어지지 않아.

아빠 〉 하하. 늘 얘기했지. 글자가 쉽다고 의미도 쉬운 것은 아니라
　　　고. 여기서는 '용문(龍門)'이 지명이라는 사실을 알아야해. 그
　　　러면 간단하지. '용문에 오르다' 라고.

연빈 〉 에이, 그렇게 간단할 걸 모르고….
　　　하지만 역시 의미는 모르겠다.

아빠 〉 용문은 황하 상류에 있는 협곡의 이름인데 물살이 빨라 보통
　　　의 물고기는 올라갈 엄두도 낼 수 없는 곳이지. 무모하게 오
　　　르려다 실패한 물고기는 바위에 부딪혀 엉망진창이 되기 때
　　　문에 차후로는 감히 다시 오를 생각조차 할 수 없게 되는데,
　　　대신에 일단 그 물살을 거슬러 오르기만 하면 그 물고기는 용
　　　으로 변했지. 그래서 '등용문'이라고 하면 '출세의 발판'이

라는 의미로 쓰이게 된 거야.

하지만 용문에 관한 전설만으로 '등용문'이 '출세의 발판'이라는 의미로 쓰이게 된 것은 아니고 다음과 같은 구체적인 고사를 통해 비로소 그런 의미가 확정되게 된 것이지.

후한(後漢)의 운명이 거의 다해 가던 환제(桓帝) 때는 그야말로 혼란의 극성기였다.

발호장군으로 불리면서 제멋대로 횡포를 부리던 외척 양기(梁綺)가 죽임을 당하자, 이번에는 '다섯 명의 악독한 놈들'이라는 이른바 '오사(五邪)'의 환관들이 정권을 오로지하기 시작했다.

이때 관리들을 분발시키고 연합하여 환관들과 분연히 맞선 인물이 있었는데 그가 이응(李膺)이라는 사람이다. 이응을 위시한 관리들이 전력을 다해 환관들에 대적했지만 이 과정은 순탄치만은 않았는데 그 대표적인 어려움이 후일 역사에 '당고의 화'라고 기록되는 대규모 탄압이다.

그러나 이응은 꿋꿋이 절조를 지켜나가 그 당시 젊은층의 우상이 되었는데 특히 태학의 젊은 학생들은 그를 '전범(典範 : 따라야 할 천하의 모범)'으로 여길 정도였다.

더구나 신진관료들에게는 그의 추천 자체가 장래를 약속받는 지름길로 여겨져 '등용문'에 빗대어졌고 이때부터 본격적으로 '등용문'이 '출세의 발판'이라는 의미로 쓰이게 된다.

연빈 〉 그렇구나. 그래서 학원 이름에도 '등용문'을 많이 쓰는 거구
나. 그 학원에만 다니면 좋은 결과는 이미 나온 것이나 마찬
가지라는 의미로.

아빠 〉 맞았어. 그리고 이 고사는 『후한서(後漢書)』 「이응전(李膺傳)」에
나오는데 이응이 활약한 때가 후한이 거의 끝나가는 시기이
므로 이응의 지조라든가 활약이 더욱 빛나 보였을 거야.
그래서 전부터 있어왔던 '용문의 고사'와 합쳐져 '출세의 발
판'이라는 의미로 만들어지면서 아주 분명하게 '등용문'이라
는 고사성어가 생겨나게 됐겠지.

연빈 〉 아빠가 그렇게 차례차례 설명해 주니까 전후좌우 사정이 이
해가 되면서 무슨 의미인지 분명히 알겠어.

아빠 〉 내가 설명을 잘 했다기보다 우리 연빈이의 이해력, 아니 상상
력이 아빠보다 더 뛰어났다고 할 수 있겠지. 그야말로 문일지
십(聞一知十)이잖아! 이거 부녀가 서로 비행기 태워준다고 남
들이 웃겠다.
그럼 이쯤에서 다음 차례인 '배수진(背水陣)'으로 넘어가기로
하자.

배수진 背水陣

|등 배 | 물 수 | 진칠 진 / **어떤 일에 결사적인 각오로 임함을 비유** |

아빠 〉 물을(水 물 수) 등지고(背 등 배) 친 진(陣 진칠 진)'으로 해석되면서 '어떤 일에 죽음을 각오하고 임한다'는 의미로 너무나 많이 알려진 고사성어라서 사실 더 이상 설명할 것이 없어.
다만 『사기(史記)』「회음후열전(淮陰侯列傳)」에 나오는 대장군 한신(韓信)과 관계된 고사를 살펴보기만 하면 될 거야.

유방이 한나라 황제의 자리에 오르기 2년 전인 BC 204년.
위나라를 격파한 한신은 여세를 몰아 조나라로 진격하게 된다. 이 소식에 접한 조나라도 20만의 군사를 정형(井陘)의 골짜기 입구에 집결시키고 견고한 성채를 쌓아 한신의 군사를 기다리게 된다.
그 때 한신은 뛸 듯이 기쁜 소식을 듣게 된다. 한신군이 정형의 협곡에 들어서자마자 일제히 공격해서 괴멸시켜야 된

다는 조나라 광무군 이좌거의 주장을 조나라 수뇌부가 받아
들이지 않았다는 것이었다.

'이제 승리는 우리 것'이라고 확신한 한신은 정형의 협곡
을 일사천리로 돌파 그 출구 10리쯤 되는 곳에서 밤을 새기
로 했는데 다음은 바로 그때 안배한 작전이다.

1. 우선 2,000명의 날랜 기병들로 하여금 붉은 깃발을 하나씩 들
   게 하고 다음과 같은 지시를 내린다.

2. 10,000여명의 군사를 정형의 출구에서 앞으로 진격시켜 하수
   를 등지고 진을 치게 한다.
3. 본대를 협로의 맨 끝으로 진격시킨다.

다음 날 하수를 등지고 진을 친 한신의 군대를 이미 하찮
게 보게 된 조나라 군사들, 작전대로 한신이 본대를 이끌고
진격해서 조나라 군사들과 여러 번 접전한 끝에 거짓 패한
척 후퇴하여 배수의 진을 친 군사들과 합류하기까지 추격해
오게 된다.

　이 틈에 매복해 있던 2,000의 기병이 조군의 성채로 난입해 붉은 깃발을 꽂게 된다.

　한편 배수의 진을 친 한신의 군대는 후퇴를 하고 싶어도 할 수 없는 상황인지라 죽음을 각오하고 싸울 수밖에 없었고 결과적으로 조나라 군사를 크게 물리치게 된다.

　이어 패해 달아나는 조나라 군사는 추격하는 한신의 군사와 이미 성채를 점령한 기병사이에 끼어 완전히 괴멸되고 한신은 크게 승리를 취하게 된다.

연빈 〉 그런데 대충 짐작은 가지만 배수진이 지금처럼 '어떤 일에 죽음을 각오하고 임한다' 는 의미로 쓰이게 된 이유를 정확하게는 모르겠어.

아빠 〉 아, 그거? 전쟁이 끝난 후 승전축하 자리에서 당시에 함께 싸운 여러 부장들이 병법에도 없는 배수진을 쓴 이유에 대해 너무 궁금해하므로 한신이 직접 설명하게 돼.

　　'제군들이 모를 뿐이지 사실은 병법에 있다. 너희들도 잘 아는 사지에 몰아 넣어야 오히려 생을 찾을 수 있다는 병서의 기록을 응용했을 뿐이다.

　　알다시피 우리 군대는 원정길에서 보강된 혼성군사들이기 때문에 생지(生地)에 두면 오히려 오합지졸이 될 것이기에 목숨을 걸 수밖에 없는 사지(死地)에다 갖다 놓은 것뿐' 이라고.

　다음은 '홍일점'(紅一點)

홍일점 紅一點

|붉을 홍|한 일|점 점 / **많은 남자들 틈에 아름다운 여인이 한 명 있다는 의미** |

연빈 〉 붉은(紅 붉을 홍) 한 점(點 점 점). 그래서 '시퍼런 남자들 중에 있는 붉음으로 상징되는 오직 한 여자' 를 가리키나?

아빠 〉 물론 지금은 그런 의미로도 쓰이지만 본래는 '석류' 를 가리키는 말이었어.

연빈 〉 석류?

아빠 〉 그래. 그리고 그로부터 '여럿 가운데서 오직 하나가 특별히 뛰어난 경우' 에 쓰이게 되었지.

거기에는 역시 고사가 있는데 송나라 때 신법운동(新法運動)으로 유명한 왕안석(王安石)과 관련되어 있어.

동향인 증공(曾鞏)의 소개로 당시의 문장가 구양수(歐陽修)에게 인정받아 진사에 급제하고 지방관을 지내다가, 이 사람의 진가를 알아본 송나라 신종(神宗 : 1068~1085)황제에 의해 요직에 앉게되는 인물.

그 신종의 비호 하에 신법운동이라는 급진적인 개혁으로 부국강병을 시도하려다 사마광, 구양수, 정이천, 소식 등 당대의 문장가들의 열렬한 반대로 인해 좌절 끝에 68세로 생을 마감한 인물.

그가 바로 '당송팔대가(唐宋八大家 : 시문이 뛰어난 당나라 송나라의 여덟 사람)'의 일인인 왕안석이다.

이 왕안석이 지은 「영석류시(詠石榴詩)」라는 시에 다음과 같은 구절이 있는데 바로 '홍일점(紅一點)'의 유래다.

> **萬綠叢中紅一點**(만록총중홍일점)
> **動人春色不須多**(동인춘색불수다)

우리말로 하면

온갖 녹색 무더기 중에 붉은 빛 한 점(석류만 있으면 되지)
사람 마음 움직이는 봄빛 반드시 많을 필요 없네(봄에는 다른 것들 필요 없네)

연빈〉 석류가 그렇게 빨간색이었나?

아빠〉 요새야 총 천연색의 시대니까 그렇게 느껴지지 않겠지만 옛날이야 봄에 빨갛게 익는 석류야말로 봄의 상징으로 여길 수 있었겠지.

요사이야 빨간색이 문제가 아니라 건강식이니 웰빙이니 해서 관심의 방향이 다르지만.

하여간 현대적인 감각으로야 인정되든 되지 않든 석류 자체를 봄으로 보았던 시인 묵객들이 많았지.

연빈 〉참 특이하다. 나 같으면 봄 하면 개나리나 진달래 아니면 철쭉을 얘기할 텐데.

아빠 〉임마, 색깔이 다르잖아. 그리고 색도 색이지만 격이 다르고.

연빈 〉아참, 빨간색이었지.

아빠 〉여하간 홍일점이 무슨 의미인지는 분명히 알겠지?

그럼 다음으로 넘어간다. '백안시(白眼視)'

백안시 白眼視

| 흰 백 | 눈 안 | 볼 시 / **업신여기거나 냉대하여 흘겨보는 것을 비유** |

연빈 〉 흰(白 흰 백) 눈(眼 눈 안)이 본다(視 볼 시). 흰 눈으로 본다. 아니 그것보다 '눈의 흰자위를 허옇게 한 채 바라본다' 라고 하면 좋겠다. 그럼 아마 '깔본다, 곱지 않은 시선으로 본다' 정도의 의미가 되겠다.

아빠 〉 어쭈, 제법인데. 맞았어. 그런 식으로 볼 줄 알면 이제 고사성어에 대해서는 준 도사 정도는 되겠다.

연빈 〉 과찬의 말씀. 한자가 쉬워 어찌어찌 하다보니 제대로 말을 만든 것뿐이지. 내가 뭐 제대로 알아서 아는 건가?

아빠 〉 그 정도면 대단한 거야. 최소한 한문에 대해서 그런 식으로 보게 된 것만 해도 어딘데? 여하간 그렇게 보아 놓고 그에 대한 고사를 알면 다 끝나는 거야.

이 '백안시' 라는 고사성어는 후에 죽림칠현(竹林七賢)이라고 알려지게 되는 일곱 사람중의 하나인 완적(阮籍)이라는 사람과 관계가 있어.

조조의 위(魏)나라가 '죽은 제갈량이 산 중달을 도망치게 했다'는 이야기의 주인공 사마중달(司馬仲達)의 자손에 의에 진(晉)으로 나라가 바뀌는 혼란기.

아버지 완우(阮瑀)가 위나라 대신을 지낸 명문가 출신인 완적의 입장에선 어쩌면 선택의 여지가 없었을 지도 모르겠다. 술을 먹고 노래하고 시를 짓고 거문고를 타고 하는 일밖에는. 아니 우리나라 대원군이 그랬다는 것처럼 미친 척을 했어야 했을 지도 모르겠다.

그러나 그 정도라면 후세에 죽림칠현의 일원에 끼지도 못했겠지!

그 완적에게 이런 일화가 있다.

이런 식으로 세상의 틀을 무시하고 생활하기는 했지만 구

태의연한 예의에 얽매이는 사람에게는 눈을 옆으로 돌리고
흰자위만 보여 노골적으로 보기 싫다는 표현을 했고, 진정한
마음을 가진 사람에게는 본래의 눈동자를 마주했다는 것을
보면 나름의 기준에는 철두철미했던 현인이었던 것 같다.

　하나의 예로 역시 죽림칠현의 일원인 혜강의 형인 혜희가
어머니 영전에 형식적인 조문을 왔을 때는 백안시해서 쫓았
지만, 혜강이 술과 거문고를 갖고 조문을 오자 기뻐하며 눈
동자를 바로잡고 맞이했다 한다. 역시 기인다운 면모가 아닌
가?

연빈 〉 뭔가 정상적인 것이 아닌 것 같아. 자기 기분대로 막 했다고
　　　할 수도 있잖아?
아빠 〉 글쎄, 쉽게 뭐라고 한 마디로 단언할 수가 없구나. 여하간
　　　‘백안시’라는 고사성어는 이 완적의 고사에서 나왔어. 죽림
　　　칠현에 대한 호오(好惡 : 좋아하고 싫어함)의 문제는 네가 더 커서
　　　역사공부를 하면서 한 번 자세히 따져보면 좋겠지.
　　　다음은 ‘미망인(未亡人)’

미망인 未亡人

|아닐 미 | 잃을 망 | 사람 인 / **남편을 먼저 잃은 여자를 높여 부르는 말** |

연빈 〉 아, 이건 알겠다. 죽지(亡 죽을 망) 않은(未 아닐, 아직 미) 사람(人 사람 인). 그래서 남편을 따라 죽지 않고 홀로 남은 부인을 '미망인'이라고 하는 거구나. 그런데 기분 나쁜데.

아빠 〉 왜?

연빈 〉 여자는 남편이 죽으면 꼭 따라서 죽어야 되나? 더구나 '人(사람 인)'을 쓰면서 부인을 따라 죽지 않은 홀아비에게는 쓰지 않고, 꼭 혼자 남은 부인한테만 쓰는 이유는 또 뭐야?

아빠 〉 어, 정말? 그렇게 되나?

연빈 〉 그렇지 않아? 이거 되게 열 받는데.

아빠 〉 설명이 좀 궁색하긴 한데 그건 아마 관계된 고사가 여자들이 한 말이어서 그럴 거야. 만약 남자들이 말을 했다면 아마 '미망남(未亡男)' 아니면 '미망부(未亡夫)' 뭐 그런 식으로 하지 않았을까? 여하간 화를 풀고 고정하시지요, 공주님.

요즘에는 '남편을 따라죽지 않은 부인'이라는 의미보다는 남편과 사별한 부인을 높여서 부르는 호칭으로 사용하지 않습니까?

연빈 〉 에, 그럼 고정해 보실까. 어서 고사나 알려주시죠~

초(楚)나라 재상 자원(子元)이라는 사람이 홀로 된 초나라 문왕의 부인을 유혹하기 위해 궁궐 옆에 집을 짓고 은나라 탕왕 때의 춤곡을 연주하자 문왕 부인이 했다는 다음의 말에서.

> "선군께서는 저 음악을 군사훈련에 사용하셨는데, 일국의 재상이라는 자는 적을 방비할 생각은 않고 이 미망인의 곁에서 음악만 연주하고 있다니 이게 도대체 어떻게 된 일인가?"

위(衛)나라 정공(定公)은 죽으면서 어찌된 일인지 왕위를 첩의 아들 간(衎)에게 물려준다. 그런데 이 간이라는 작자가 하는 행위란 것이 참으로 목불인견(目不忍見 : 눈뜨고 볼 수 없을 정도)이었다.

정공의 죽음에 눈물을 흘리기는커녕 이제야 제 세상을 만났다는 듯 방자하기가 이만저만이 아니었다. 이를 보고 심히 걱정이 된 왕비 강씨의 다음 말에서.

아빠 〉 어때? 두 이야기 다 부인이 기분 나쁜데도 억지로 자기를 '미
　　　망인'이라고 한 것 아니잖아?

연빈 〉 그렇긴 한데….

아빠 〉 그러면 됐지. 뭐 그렇게 복잡하게 따지냐? 여하간 여기서는
　　　'미망인'이 단순히 '남편이 죽고 홀로 된 부인'을 의미했지
　　　만 지금은 오히려 '남편과 사별하고 홀로 된 부인을 높여 부
　　　르는 호칭'이라는 사실만 알면 되지.

이로써 2자로 된 고사성어에 이어 3자로 된 고사성어도 몇
개 알아보았어. 다음부터는 글자에 구애받지 않고(대개 4자성어
지만) 그 고사성어 중에 반대 의미의 글자가 들어간 고사성어
들을 살펴보기로 하자.

첫 번째로 '난형난제(難兄難弟)'

난형난제 |難|兄|難|弟|

| 어려울 난 | 맏 형 | 어려울 난 | 아우 제 /
| 상대방 어느 쪽이 우위라고 판단할 수 없는 경우를 지칭 |

연빈 〉 이것도 많이 들어봤어. '형이라고 하기도 어렵고 아우라고
하기도 어렵다' 로 해석되니까 '아주 어려운 경우, 또는 이렇
게도 저렇게도 못하는 경우, 우열을 구분하기가 어려울 정도
로 거의 비슷한 경우' 등의 의미가 있겠는데.

아빠 〉 그래, 하지만 정확한 의미는 역시 『세설신어(世說新語)』 「덕행
(德行)」편에 나오는 다음의 고사를 살펴봐야 알 수 있어.

한참 어지럽던 후한(後漢) 말.

진식(陳寔)이라고 하는 사람이 살았는데 그에게는 기(紀)와
심(諶) 두 아들이 있었어.

또한 기에게는 군(群)이라는 아들이 있었고, 심에게는 충
(忠)이라는 아들이 있었지.

어느 날 군과 충이 몹시 다투는 거야. 이유인즉 서로 자기

의 아버지가 더 인품이 뛰어나고 학식도 풍부하다는 거였지.

한참 시간이 지나도 결론을 낼 수 없게 된 그들은 마침내 할아버지인 진식을 찾아가 결판을 내 달라고 하기로 했는데, 이렇게 되자 곤란하게 된 것은 진식이었지.

애비가 자식을 모를 리야 없었을 테지만 손자들을 생각하니 딱히 정확하게 말할 수도 없는 상황이었단 말이야.

해서 한참을 고민한 끝에 다음과 같이 애매하게 얼버무리는데 바로 그 대답에서 이 고사성어 '난형난제'가 나오게 되었지.

> **원방**(元方 : 큰아들)**은 형이 되기 어렵고**(元方難兄 : 원방난형),
> **계방**(季方 : 작은아들)**은 아우가 되기 어렵다**(季方難弟 : 계방난제).

연빈 〉 아빠, 이게 무슨 말이야? 자세히 보면 오히려 더 모르겠어.

아빠 〉 그러니까 할아버지인 진식이 손자들의 기분을 살펴 애매하게 대답한 것이라니까.

연빈 〉 그래도 모르겠는데?

아빠 〉 모르긴 뭘 몰라? 보통 사람들은 형이 아우보다 일단 더 낫다고 생각하잖아. 그러니까 형을 형이라고 하면 형이 더 나은 것이 되잖아. 아우를 아우라고 하면 더 못한 것이 되고. 그래서 형을 형이라고 하지 않고 아우를 아우라 하지 않고 말을 애매하게 얼버무린 거야.

손자들을 배려한 할아버지의 사려 깊은 사랑이 잘 나타나있다고 봐야지. 정확하게 말을 하지 않은 것이 오히려 여러 가지 어려운 문제들을 해결하는 결과가 됐잖아? 의도적이었겠지만 여하간 그 말솜씨 또한 대단한 것은 물론이고.

연빈 〉 아, 사람들의 보통 생각을 깜빡했네. 알겠어, 무슨 의미인지.

아빠 〉 여하간 '난형난제' 가 '서로 비슷하여 우열을 구분하기가 어렵다' 는 의미인 것은 분명해.

다음은 '동서효빈(東西効顰)'

동서효빈 東西效顰

|동녘 동 | 서녘 서 | 본받을 효 | 찡그릴 빈 / **함부로 남들을 흉내 내는 것을 비유** |

연빈 〉 이 고사성어는 의미는 둘째고 글자가 어려운데?

아빠 〉 우선 '効(효)'는 '效(효)'와 같은 글자로 '본받을 효, 힘쓸 효' 인데 이런 경우는 '흉내내다'라고 해석을 해도 괜찮은 글자 야. 그리고 '顰(빈)'은 약간 어렵지만 '頻(자주 빈, 급박할 빈)'과 '卑(낮을 비, 천할 비)' 두 글자로 나누어 생각하면 뜻을 추측할 수 있는 '顰(찡그릴 빈)'이고.

연빈 〉 동과 서가 찡그리는 것을 본받다?

아빠 〉 '동서'가 없으면 말을 만들기가 쉽겠지? 그래서 사실 '효빈(効顰)'이라고 두 자만 쓰기도 하지. 하지만 역시 찡그리는 모습이 아름다웠다고 하는 '서시(西施)'라는 여자가 관계된 다음의 고사를 알아야 의미가 분명해지는 것은 같아.

춘추시대 말, 월(越)나라 왕 구천은 오(吳)나라 왕 부차를 방심하게 하기 위해 아름다운 여자 50명을 바치게 되는데 그 중에 가장 아름다웠다고 전해지는 여자가 바로 '서시(西施)' 야.

이 서시는 본래 가슴앓이 병이 있었다고 하는데 그로 인해 아픈 가슴을 손으로 누르며 눈살을 찌푸리는 모습이 특히 아름다웠다고 하지. 아마 요즘말로 보는 사람들을 뿅~ 가게 했다는 거겠지.

이 서시를 유심히 살펴보는 여자가 있었어.

'서시'라는 이름과 차별을 두고 이야기를 더욱 극적으로 만들기 위해서 그랬는지는 몰라도 여하간 그 여자의 이름은 '동시(東施)'였대.

이 동시는 추녀라고 온 동네에서 놀림을 받아왔던지라 미녀라고 추앙 받는 서시의 모습이 항상 궁금했겠지. 그런데 직접 보니 별 게 아니더란 말이지. 그냥 눈살을 찡그리면 되는 거였어.

자신감을 갖게 된 동시, 만나는 사람마다 눈살을 찡그려대며 온 동네를 활보했다는 거지.

연빈 〉 동시가 눈살을 찌푸리며 다닐 때 사람들의 반응은 어땠을까?
아빠 〉 그 끔찍한 모습에 대한 반응을 표현한 것이 재미있어.

　　'진저리가 나서 부자 집에서는 문을 걸어 잠그고 밖으로 나
　　오는 사람이 없었고, 가난한 집의 남자들은 이거 야단났다고
　　처자식을 이끌고 아예 동네 밖으로 도망쳐 버렸다.'고 한 것

을 보면 동시의 모습이 실로 엄청났던 것 같애.

연빈 〉 저런, 참 안됐네. 그럼 이 '동서효빈'이란 고사성어는 '될 수 없는 상황을 바보같이 억지로 흉내내려 애쓸 때 사용하는 말이 되겠네.

아빠 〉 그렇다고 볼 수가 있겠지.

그러나 사실 이 이야기는 『장자(莊子)』라는 책의 「천운(天運)」 편에 나와 있어. 공자의 제자 안연(顏淵)과 사금(師金)이라는 도사가 대화를 나누는데 사금이 공자를 비판하면서 비유로 든 거야. 이런 난세에 인(仁)이나 예(禮) 따위로 부국강병을 이루려는 것은 마치 동시가 서시를 흉내내는 것처럼 가능하지 않은 일이라는 거지.

그렇다면 이 이야기 속의 서시는 꼭 서시가 아니라도 상관없겠지. 그저 흔히 우리 주위의 잘생겼다고 칭찬을 듣는 어떤 여자라고 보아도 상관없겠지. 당연히 동시도 못생겼다고 괄시받는 어떤 여자 정도로 볼 수 있을 테고. 그럼 위에서 네가 말한 대로의 의미가 되는 거지.

다음은 '중과부적(衆寡不敵)'

중과부적 衆寡不敵

| 무리 중 | 적을 과 | 아닐 불 | 대적할, 원수 적 /
| 적은 사람으로는 많은 사람을 이기지 못함 |

연빈 〉 아빠, 이 말도 많이 들어 본 거야. '적은 수로는 많은 수를 못
당한다' 라는 말이잖아?

아빠 〉 물론 의미는 그래. 그렇지만 좀더 정확하게 말을 만들면 다음
과 같지. '많은 수(衆 무리 중)와 적은 수(寡 적을 과)는 적이 될
수 없다, 즉 상대가 안 된다(敵 상대 적, 원수 적).'

연빈 〉 에이, 그게 그거잖아.

아빠 〉 물론 그래. 하지만 네가 말한 것은 '과불적중(寡不敵衆)' 이야.
표정을 보니 너무 시시콜콜 따진다고 불만인 모양이네. 하하,
그럼 이쯤에서 그 얘긴 그만 하기로 하고 『맹자』라는 책의
「양혜왕(梁惠王)」편에 나오는 다음과 같은 유래를 보기로 하
자.

군주라면 누구나 패자(覇者, ^{제후들의 우두머리})가 되고 싶을 거야. 시

대가 난세라면 더더욱 그렇겠지. 자기의 나라가 크던 작던 아랑곳하지 않으면서……

양나라 혜왕도 그랬어. 해서 당시 현사(賢士, ^{어진 선비})로 칭송받던 맹자에게 패자가 되는 방법을 물었는데 맹자의 대답은 어찌 보면 황당하기까지 했지. 이런 식이었어.

"토지를 개간하고 넓혀 진나라, 초나라에 조회를 받고, 군림천하^{임금으로 온 세상을 다스림}하여 사방의 오랑캐들을 아우르려는 것은 나무에 올라가 물고기를 구하는 것과 같은 일입니다."

이 말을 듣고 혜왕은 놀랐지.

"아니 그렇게 심한 일입니까?"

다음에 이어지는 맹자의 말은 더욱 황당했지.

"그건 아무 것도 아니지요. 나무에 올라가 물고기를 구하는 것은 설혹 물고기를 얻지 못한다 하더라도 해는 없지만, 위와 같은 욕심을 추구한다면 전력으로 한다 하더라도 반드시 재앙을 당할 것입니다."

겉으로 표현은 못해도 속으로 아주 못마땅했던 혜왕은 불만스럽게 말하지.

"자세한 내용을 듣고 싶습니다."

다음은 그에 대한 대답인데 여기에서 '중과부적'이라는 고사가 나오게 돼.

맹자는 우선 초나라 사람이 이길 것이라는 대답이 나올 게 뻔한 '소국인 추(鄒)나라와 대국인 초나라가 싸우면 어느 쪽이 이길 것 같습니까?' 라는 간단한 질문을 해. 그리고 나서 일사천리로 설명해 나가지.

　　"그렇다면 작은 것은 본래 큰 것을 대적할 수 없으며, 적은 것은 본래 많은 것을 대적할 수 없으며, 약한 것은 본래 강한 것을 대적할 수 없는 법입니다.

　　현재의 사정을 보자면 해내의 땅 중에서 사방이 천리가 되는 것은 아홉인데 제(齊)가 그 중 하나로 그것도 이것저것 다 합쳤을 때 얘깁니다.

　　겨우겨우 이루어진 1/9로 나머지 여덟을 어찌해 보려 하는 것이야말로 추나라가 초나라를 대적하는 것과 무엇이 다르겠습니까? 역시 해결책은 제가 주장하는 왕도(王道, 임금은 인덕을 근본으로 천하를 다스려야 한다는 정치사상)의 길뿐이오니, 제발 근본으로 돌아가시기를 바라옵니다."

연빈 〉 맹자의 해결책이 진짜 해결책일지 어떨지는 몰라도 자기의 주장을 펴는 솜씨는 정말 멋진 것 같아.

아빠 〉 그럼, 맹자는 일도양단이지. 상대방을 봐주고 어쩌고 하는 법이 없어. 논리, 논리 하면서 왜 맹자를 공부하지 않는 지 정말 모르겠단 말이야! 다음은 '용두사미(龍頭蛇尾)'

· 과불적중 (寡不敵衆 ; 적을 과, 아닐 불, 대적할 적, 무리 중)

용두사미 龍頭蛇尾

|용 용|머리 두|뱀 사|꼬리 미 / 시작은 거창하게 하다가 마무리에서 흐지부지함을 비유|

연빈 〉 이제야 쉬운 글자가 나오네. 龍(용 용), 頭(머리 두), 蛇(뱀 사), 尾(꼬리 미).

그렇다면 '용의 머리와 뱀의 꼬리'. 용은 본래 없는 동물이니 용의 머리라고 하더라도 역시 없는 것을 나타내?

그리고 뱀의 꼬리는 아무래도 다른 동물들의 꼬리에 비하면 역시 꼬리라고 할 수 없지만 약간은 있으니….

그렇다면 처음엔 없다가 서서히 나타난다는 의미인가?

아빠 〉 야~, 생각의 순서는 기가 막히는데 처음을 약간 착각했구나. 용은 물론 상상 속의 동물이긴 하지만 없다는 의미보다는 역시 대단한 것을 상징했지. 중국에서 황제를 상징한 것처럼.

연빈 〉 그럼 머리는 시작, 처음이니까 처음에는 대단했다가 꼬리에 해당하는 나중, 즉 끝에는 뱀 꼬리처럼 별 볼일 없는 경우를 의미하는 것이네.

아빠 〉 OK. very good.

역시 불교에서 아주 중요한 책으로 취급받는 『벽암집(碧巖集)』
에 나와있는 고사를 보면 의미를 아주 분명히 알 수 있지.

불교에는 화두(話頭)라는 것이 있다.

무엇이라 한 마디로 단정할 수 없는 것이지만 부여잡고 깨
달음을 얻기 위해 일로 정진하는 그 어떤 것인지라 그 화두
에 대한 본인의 깨달음 정도를 알아보는 방법 또한 다양하
다. 말로 점잖게 알아보는 경우도 있으나 때로는 몽둥이로
패거나 그야말로 알 수 없는 기상천외한 방법이 동원되기도
한다.

이 고사성어 '용두사미'는 바로 그 화두로 인해 벌어진 이
야기가 유래다.

진존숙(陳尊宿)이란 명승이 주지로 있는 용흥사라는 절에
어느 날 한 낯선 수행자가 찾아들었다. 그 수행자의 도력이
어느 정도인가 궁금했던 존숙스님은 화두를 던지게 된다.

"어디서 오셨는지요?"

그러자 그 수행자는 갑자기 '으악' 하고 비명을 지르는 것
이었다.

"허, 한 바탕 크게 꾸지람을 들었군."

존숙스님은 나지막하게 중얼거렸다.

그리고 나서 본격적으로 그 낯선 수행자를 찬찬히 뜯어보
았는데 아무래도 오랜 기간 수련한 흔적도 보이지 않고 도력
이 풍부하고 깊은 것 같지도 않았다. 그래서 다음과 같이 말

했다는데 바로 이 부분에서 '용두사미'라는 이 고사성어가
나오게 된다.

"사이비~군. 용두사미야."

ㅇ빠〉 사이비란 한자로 '사이비(似而非)'라 쓰는데 '비슷하지만 아니
다'라는 의미야. 가짜란 말이지.

연빈〉 그런데 참 이상해. 비슷한 것은 그래도 근처까지는 간 거잖
아. 가짜는 완전히 아닌 거고.

ㅇ빠〉 그렇게 생각하니 그렇지. 진짜만이 진짜지. 진짜 비슷한 것은
가짜야. 바로 이것을 분명히 해야해.

여기서도 '용두사미'라는 말은 한 마디로 하면 '가짜'라는
말이야. 어법상 점잖게 말해서 처음에는 어쩌구 끝에는 어쩌
구 하지만 엄밀하게 말하면 일고의 가치가 없는 '가짜'라는
말이야.

선악의 문제도 그렇잖아. 선이면 선, 악이면 악이지 선 비슷
한 것은 '선 비슷한 것'이 아니라 '악'이야. 아주 조심해야
하는 거지.

다음은 '조령모개(朝令暮改)'

조령모개 朝令暮改

|아침 조|명령 령|저녁 모|고칠 개 / **일관성이 없이 갈팡질 팡함을 비유**|

연빈 〉 아침에(朝 아침 조) 명령했다가(令 명령 령) 저녁에(暮 해저물 모) 바꾸다(改 바꿀 개). 알겠어. 수시로 이랬다저랬다 하는 경우를 말하겠네.

아빠 〉 맞아. 약간 설명을 덧붙이자면 본래는 '일관성 없는 정책'을 빗대어 하는 말이었어.
그러나 지금은 보통 네가 말한 의미로 널리 쓰이게 되었지.

연빈 〉 일관성 없는 정책? 그럼 본래는 일반사람들의 경우에 보통 썼던 말이 아니라 나라의 일에 관계된 말이었어?

아빠 〉 그럼. 예나 지금이나 세금 문제는 큰 골치였지. 정해놓은 시기에 정해진 액수의 세금이라면 누가 이의를 달겠어? 꼭 많이 거두려고 아무 때나 마구 세금을 징수하려고 했으니 문제였지. 이 고사성어도 그 세금 문제와 연관되어 있지.

전한(前漢) 때 어사대부, 요즘으로 치면 부총리를 지낸 조착(晁錯)이란 사람이 있었어.

조착은 경제 문제에 특히 밝았고 농민들의 곤궁한 삶에 대해 누구보다 애정이 많았지. 그 시대는 흉노족이 북방을 자주 침략하여 곡식을 약탈하곤 했으므로 변방의 곡식 부족이 심각한 문제였어.

그러므로 많은 관리들이 나름대로 해결책을 왕께 아뢰게 되었는데 조착 역시 「논귀속소(論貴粟疏 : 귀한 곡식을 논하는 상소)」라는 상소를 올리게 되지. 그 상소에서 조착은 먼저 백성들이 농사짓느라 너무 고생을 많이 한다는 사실을 전제하고 다음과 같은 정책의 일관성 없음에서 비롯되는 백성들의 고달픔을 설명하는데 바로 그 부분에서 이 고사성어가 나오고 있어.

"세금과 부역이 너무 무거운 것은 고사하고 홍수나 가뭄을 당하고 있는데도 느닷없이 세금징수나 부역동원을 당한다. 이런 시도 때도 없는 징수, 동원에 대하여 아침에 명령이 내려오고는 저녁에 또 다른 명령이 고쳐져 내려온다.

집힐 전답이나마 있는 사람은 세금 때문에 반값에라도 팔아 넘긴다지만 그것도 없는 사람은 돈을 빌어야 되는데 원금과 같은 이자를 물게 된다. 이러니 논밭과 집을 팔고도 모자라 자식과 손자까지 팔아 빚을 갚는 사람이 생겨나지 않겠는가?"

연빈 〉 참 옛날에는 세금이 무서웠나봐?

아빠 〉 요새야 '조세법률주의'라는 원칙이 있어 세금을 법으로 정했
지만 옛날에는 그런 것이 없었지. 아니 없었다기보다 힘있는
사람에 의해 농락 당한 경우가 많았다고 보는 것이 좋겠지.
얼마나 심했으면 세금이 호랑이보다 무섭다는 고사성어까지
생겼을까?

연빈 〉 정말?

아빠 〉 그럼. 우리 나라도 조선시대 후기로 가면 세금거두는 것이 장
난이 아냐. 죽은 사람한테도 세금을 거두고, 도망가면 이웃에
게 거두고 등등 올림픽이라도 있으면 당연히 금메달 감이지.
자세한 것은 연빈이가 우리 역사를 배울 때 더 알아보도록 하
고….
여하간 '조령모개'는 원래는 '나라의 정책이 일관성 없음을
비유'하는 데에 사용한 말이지만 지금은 그 의미는 물론 일
반적으로 '이랬다저랬다 하는 경우'에도 두루두루 쓰이는 말
이되었지.
다음은 '추기급인(推己及人)'

추기급인 推己及人

| 밀 추 | 자기 기 | 미칠 급 | 사람 인 / **제 마음을 기준삼아 남의 마음을 추측한다는 의미** |

연빈 〉 자기를(己 몸 기) 추측해서(推 밀 추) 사람에게(人 사람 인) 이르게 한다(及 미칠 급).

이것도 간단하긴 한데 약간 이상하다.

아빠 〉 무슨 말인지 알겠어. '人'은 한문에서 '남'의 의미로 많이 쓰인다는 사실만 알아도 훨씬 쉽게 말이 만들어질걸.

연빈 〉 아, 알겠다. 자기자신의 상황을 잘 살펴 남에게까지 이르게 한다. 한 마디로 하면 '내 입장대로만 보지 말고 남의 사정을 잘 살펴서 말하든지 행동하라' 뭐 그런 말이겠네.

아빠 〉 야, 대단하다. 바로 그래. 제나라 경공과 안자라는 재상 사이에 나눈 대화에서 이 고사성어에 해당하는 내용이 나오는데 네가 말한 바로 그 의미야.

때는 춘추시대

제(齊)나라에 사흘동안 쉬지 않고 큰 눈이 내렸다. 경공은 따뜻한 방안에서 여우 털로 만든 포근한 옷을 입고 그 설경을 감상하고 있었다. 내가 좋으면 그만, 나 이외의 것에는 미처 신경이 가지 않는 법이라 경공의 생각은 한 쪽으로만 달리고 있었다. 눈이 계속 내리면 세상이 더욱 깨끗하고 아름다워질 거라고….

바로 그 때, 재상 안자(晏子)가 경공의 곁으로 다가와 무심코 밖의 설경으로 눈길을 돌렸다.

경공은 안자 역시 자기와 같이 설경의 흥취에 푹 빠져있을 거라 여기고 말을 건넸다.

"요번 날씨는 이상한데. 사흘이나 눈이 내려 온 사방이 눈에 덮였건만 도무지 춥지 않은걸"

안자는 물끄러미 경공의 여우털옷을 바라보았다. 그러고는 물었다.

"정말 춥지 않으신 지요?"

경공이 빙그레 웃을 뿐 말이 없자 안자는 정색을 하면서 말했다.

"옛날의 현명한 군주들은 자신이 배부르게 먹으면 혹 누군가 굶주리지 않을까 걱정하고, 자신이 따뜻한 옷을 입으면 누군가 얼어죽지 않을까 걱정하고, 자신이 편안하면 누군가 괴로워하지 않을까 염려했다고 합니다.

그런데 군주께서는 아무렇지도 않으신가 봅니다."

연빈 〉 그래서 경공은 어찌했어?

아빠 〉 당연히 부끄러워 아무 말도 할 수 없었지. 이 사실만 보더라
도 아무 생각 없이 함부로 말을 하면 안되겠어. 경공이야 당
연히 나쁜 의도로 그런 말을 하지는 않았겠지.

그러나 무심코 장난으로 던진 돌에 개구리는 목숨을 잃는 법
이라는 말도 있듯이 남을 고려하지 않고 하는 말이나 행동은
정말 상상할 수 없는 결과를 가져오는 경우가 많지.

이 고사성어는 바로 그런 경우를 조심하라는 경고를 우리에
게 하고 있다고 볼 수 있겠지. 정말로 가슴에 깊이 새겨야될
말인 것 같아.

다음은 '대공무사(大公無私)'

대공무사 大公無私

|큰 대|공정할 공|없을 무|사사로울 사 /
|공적인 일의 처리에 있어서 개인 감정을 개입시키지 않는다는 의미|

연빈 〉 크게(大 큰 대) 공평하고(公 공평할 공) 사사로움이(私 사사로울 사)
없다(無 없을 무).
도대체 얼마나 공평(公平)하고 사사로움이 없기에 이런 고사
성어가 생길 정도였을까?

아빠 〉 설명이 필요 없을 정도야. 중국의 춘추시대 때, 진나라 대부
기해(祈奚)라는 사람의 경우를 보면 왜 그런지 알 수 있어.

춘추시대
진(晉)나라의 대부 기해(祈奚)가 늙자 임금인 평공(平公)이 후
임을 물었지.
"해호(解狐)가 좋겠습니다."
임금은 의아해서 물었지.
"아니 그 사람은 당신의 원수가 아닙니까?"

다음은 기해의 담담한 대답.

"임금께서는 후임으로 누가 좋은지를 물으셨지 저의 원수가 누구인지 물으신 게 아니지 않습니까?"

얼마 후, 임금이 다시 한번 묻게 되었다.

"누구를 국위(國尉 : 벼슬이름)로 삼았으면 좋겠습니까?"

"오(午)가 적격입니다."

기해의 담담한 말에 오히려 황당해진 임금이 어색하게 말문을 열었다.

"아니 그는 그대의 아들이 아닙니까?"

다음은 오히려 이상하다는 듯한 표정을 지며 기해가 하는 대답….

"임금께서는 국위로 누가 좋은가를 물으셨지 저의 아들이 누구인가를 물으신 게 아니지 않습니까?"

연빈 〉 정말로 대단하네.

　　　어떻게 그렇게 치우치지 않고 사람을 천거할 수 있을까?

아빠 〉 기가 막힐 정도지. 그래서 후세의 평자들도 원수를 천거하면서도 의심하지도 꺼리지도 않고, 자식을 천거하면서도 자랑하지도 주저하지도 않았다고 하는 그야말로 극찬을 보내고 있어.

　　　하지만 아빠에게는 약간 오싹하고 으스스한 기분도 드는걸.

연빈 〉 왜? 사람이 아니고 귀신이 씌운 것 같아서?

아빠 〉 녀석, 귀신은 무슨. 물론 감동이지. 그야말로 감동 그 자체라는 느낌은 분명해.

하지만 '人至察則無徒(인지찰즉무도)', 즉 '사람이 지극히 살피면 따르는 사람이 없다'고 잘 살피려고 신경 쓰기만 해도 요즘말로 왕따를 당하는데 위에 나온 이야기의 기해라는 사람은 아주 이런저런 차원을 완전히 뛰어넘은 듯한 기분이 들어서 말이야. '대공무사'라는 말로도 부족한 것 같아.

연빈 〉 아빠는 어떤 때는 너무 감상에 빠져 어렵게 생각하는 것 같아? 여하간 '대공무사'의 의미는 '너무나 크게 공평하여 사사로움이 전혀 없다' 잖아?

아빠 〉 암, 당연하지. 다음은 '전거후공(前倨後恭)'

전거후공 前倨後恭

| 앞 전 | 거만할 거 | 뒤 후 | 공손할 공 / **상대의 입지에 따라 태도가 변하는 것을 비유** |

연빈 〉 전에는 어땠는데 후에는 공손하더라. 글자 하나만 모르겠다.

아빠 〉 아, 그거. '倨(거만할 거)' 자야.

연빈 〉 그럼, 전에는 거만했는데, 나중에는 아주 공손하게 된 상태, 즉 상대방의 지위나 상태에 따라 자기의 대하는 태도를 반대로 하는 경우가 되겠네. 사람이 개과천선(改過遷善 : 허물을 고쳐 착한 데로 옮겨가다)했나?

아빠 〉 그렇게 어려운 말을 쓰지 않아도 의미는 분명해진 것 같은데?

남은 것은 역시 『사기』「소진장의열전(蘇進張儀列傳)」에 나오는 고사를 살펴보는 것일 테고….

전국시대를 풍미했던 대 유세가 소진(蘇進).

6국의 제후들이 힘을 합하여 강국인 진(秦)과 맞서는 대형을 유지해야한다는 이른바 합종설(合從說)로 여섯 나라의 운명을 위임받을 정도의 위세가가 된 소진이 조나라로 가는 도중 낙양을 지나게 되었다.

아무리 기름이 다한 등잔 같은 신세의 주(周)나라지만 국왕인 현왕(顯王)이 직접 지시를 내려 소진이 지나가는 길을 쓸게 하고 교외까지 사람을 보내 위로할 정도였다면 그 위세가 가히 어느 정도였을 지 굳이 설명하지 않아도 되리라.

그 환영 인파 속에 소진의 형제와 아내 그리고 형수가 얼굴도 들지 못한 채 끼어있었다.

특히 형수는 소진이 어려웠던 시절 몹시도 박대했던 전과가 있었는지라 사실상 이곳에 올 처지가 아니었다. 이 모습을 본 소진이 회환을 느껴 쓴웃음을 지으면서 다음과 같이 형수에게 묻는 말 중에서 바로 이 고사성어, 전거후공(前倨後恭)이 나오고 있다.

> "그 전에는 그렇게도 오만하시더니 오늘은 어찌하여 이리도 공손하십니까?"

연빈 〉 그 질문을 듣고 형수는 뭐라고 말했어?

아빠 〉 계자(季子 ; 첫째 시동생인 소진)의 지위가 높고 재물이 많아졌기 때문이라고 기어와서 감히 얼굴도 들지 못한 채 말하는 거야.

이 모습을 본 소진은 형수가 밉다기보다 오히려 불쌍하다는
생각이 들면서 인생에 대해 회한(悔恨, ^{뉘우치고 한탄함})이 들었나봐.
다음과 같이 말하는 것을 보면.

그러면서 천금을 풀어 친척들과 친구들에게 나누어주었대.

연빈 〉 마치 성경에 나오는 요셉의 이야기 같네.

아빠 〉 꼭 같다고는 할 수 없겠지만 일맥상통하는 면이 없진 않은 것
같구나.
서로 비슷한 내용들끼리는 비교해서 공부하는 것도 좋겠지.
기억도 오래갈 수 있을 테고.
다음은 '원교근공(遠交近攻)'

원교근공 遠交近攻

| 멀 원 | 사귈 교 | 가까울 근 | 칠 공 / **먼 나라와 친하고 가까운 나라를 쳐서 점차로 영토를 넓힘** |

연빈 〉 이것도 쉽다. '멀리 있는 나라와는(遠 멀 원) 사귀고(交 사귈 교) 오히려 가까이 있는 나라를(近 가까울 근) 공격한다(攻 공격할 공) 는 말'이잖아.

아빠 〉 그래. 많이 들어본 말이지. 특히 역사에서 나라와 나라사이에 싸움을 할 경우 '원교근공책'이라는 말로 많이 들어봤을 거 야.

연빈 〉 아빠, 그런데 약간 의문이 들어. 가까운 곳과 잘 지내고 서로 합심해서 먼 곳을 공격하는 것이 보통일텐데 왜 반대가 되는 거지?

아빠 〉 당연히 그런 의문이 들겠구나. 물론 무조건 그렇게 하라는 이 야기는 아냐.
『사기』 「범수채택열전」이라는 곳에 나오는 다음 고사를 보면 알겠지만 범수(范雎)라는 사람이 진나라 소왕에게 권한 전술 의 이름이 말하자면 그렇다는 이야기지. 주변 상황을 잘 살펴서 그 상황에 맞게 전술을 써야하는 것은 말할 필요 없이 당연한 일이고….

전국시대 진나라 소왕이 왕의 임시거처인 이궁(離宮)에서 유세가 범수를 만날 약속을 했다.

범수가 모르는 척 궁 안을 헤매고 있는데 때마침 왕이 당도하자 모시는 환관이 버럭 소리쳤다.

"왕이 납신다."

그러나 범수는 시치미를 뚝 떼고 이렇게 말했다.

"진나라에 무슨 왕이 있단 말이냐? 태후와 양후(穰侯) 뿐이지."

태후와 양후의 권력이 보통이 아님을 빗대어 말한 것인데, 이 의미를 알아챈 소왕은 은밀한 곳으로 범수를 안내하고 좋은 가르침을 달라고 간청하지만, 무릎을 세 번이나 꿇는 상황이 반복되고야 겨우 범수가 입을 열었다.

"옛날에 강태공은 문왕에게 의견을 내자 문왕이 천하를 얻었으나, 왕자 비간은 은나라 주왕에게 의견을 냈으나 오히려 삶겨 죽임을 당했습니다.

까닭이 무엇이겠습니까?

한 사람은 믿음으로 받아들이고 다른 한 사람은 받아들이지 않았기 때문이지요. 지금 제가 말씀드리고자 하는 바는 아주 중요한 내용입니다. 비간처럼 스스로 화를 자초할까 두려워 감히 입을 열지 못하는 것입니다."

　이에 소왕이 다시 한 번 진심으로 간청하자 비로소 범수가
입을 열게 되는데, 고사성어 '원교근공'은 바로 범수의 다음
과 같은 말에서 나오고 있다.

연빈 〉 소왕은 범수의 말을 들었을까?

아빠 〉 당연히 들었지. 그 말이 옳았으니까.
　　　농담으로 말해볼까? 안 들었으면 고사성어로 지금까지 남아
　　　있었겠냐?
　　　다음은 '교학상장(敎學相長)'

교학상장 教學相長

| 가르칠 교 | 배울 학 | 서로 상 | 클 장 /
| 스승은 학생에게 가르침으로써 성장하고, 제자는 배움으로써 진보함 |

연빈 〉 가르침과 배움이 서로 성장한대.

아빠 〉 또는 '선생과 학생이 서로 주고받는다, 즉 선생님은 가르치
면서 오히려 배우고, 학생들은 당연히 배우지만 그 과정에서
선생님께 가르침을 드린다.' 라고도 하겠지. 여하간 '가르치
는 쪽이나 배우는 쪽이나 모두 다 좋아진다' 는 의미인 것은
분명하지.

연빈 〉 나는 지금까지는 배우기만 한다고 생각했는데 선생님을 내가
가르쳐 드리기도 했다는 건 기분 나쁜 일은 아닌데. 선생님들
이 가끔 '너희들에게 오히려 배우는 것이 많아.' 라고 말을 하
시면 '괜히 그러시네' 라고 속으로 생각했었는데 정말 그런
의미의 고사성어가 있었네.

한편으로는 지금의 법(法)에 해당된다고 볼 수도 있는 '예

(禮)'에 관한 총체적인 기록이 바로 『예기(禮記)』라는 책이다. 우리가 흔히 '4서'라고 부르는 논어, 대학, 중용, 맹자 중에서 대학과 중용이 본래는 그 『예기』라는 책의 편명으로 아주 적은 일부분이었다는 사실만 보더라도 그 『예기』라는 책의 내용이 얼마나 넓고 풍부한 지를 짐작할 수 있겠다.

그 『예기』에 배움에 대한 기록이라는 의미의 「학기(學記)」 편이 있는데 이 고사성어 '교학상장'은 바로 거기에 나오고 있다.

내용인즉,

"좋은 음식이 있더라도 먹어 보아야만 그 맛을 알 수 있는 법이다. 마찬가지로 지극한 진리가 존재한다고 하더라도 배우지 않으면 그것이 왜 좋은지 알 수 없을 것이다.

따라서 배워보고 난 후에야 자신의 부족함을 알 수 있으며, 가르쳐본 후에야 비로소 어려움을 알게 된다. 그러므로 가르치고 배우면서 서로가 서로를 성장시키는 것이다."

아빠 〉 공부를 하는 방법에 여러 가지가 있지만 가르침으로 인해 하게되는 공부만큼 좋은 게 없는 것 같아. 우선 가르치려면 모르면 안되잖아. 그러니 얼마나 준비를 잘 해야 되겠어?
그런 식으로 공부를 하게 된다면 문제가 하나도 없겠지.

연빈 〉 그래도 공부는 스트레스 덩어리야.

아빠 〉 그런다고 학생이 공부를 안 하면 무얼 할 꺼야? 안 해도 된다
면 안 하지만 기왕 할 수밖에 없는 거라면 그 공부를 즐겨야
지. 스트레스라도 안 받게.

바로 그 즐기는 공부방법 중에 최고가 '교학상장' 의 의미를
분명히 알고 선생님과 겨뤄보는 자세로 임하는 거야. 그러면
많이 찾고 많이 준비하고 할거 아냐?

그리고 선생님께 묻고 토론하고 하면 무료하고 심심할 시간
이 어디 있어? 그야말로 즐거움 덩어리지.

연빈 〉 우리 아버님 또 흥분하셨군요. 고정하시지요~.

아빠 〉 어, 내가 그랬나?

에…. 그럼 이제까지는 반대말이 들어가는 고사성어들을 살
펴보았으니 이제부터는 그런 원칙에 구애받지 말고 고사성어
들을 살펴보기로 하자.

우선 첫 번째로 '마이동풍(馬耳東風)'

마이동풍 馬耳東風

| 말 마 | 귀 이 | 동녘 동 | 바람 풍 /
| 남의 의견이나 충고를 귀담아 듣지 아니하고 흘려버리는 태도를 비유 |

연빈 〉 아, 이 글자들은 다 알아. 그럼 '말(馬 말 마) 귀(耳 귀 이)에 동쪽(東 동쪽 동)에서 부는 바람(風 바람 풍)' 이라는 뜻이네.

아빠 〉 이제는 정말 잘 하는데.

연빈 〉 헤헤, 이 정도야 이제는 기본이지.

아빠 〉 까분다. 그럼 '동풍' 이 뭐야?

연빈 〉 동풍이 동풍이지 뭐야?

아빠 〉 그것 봐. 금세 막히잖아. 봄에는 바람이 보통 동쪽에서 불어 오기 때문에 봄바람을 '동풍' 이라고 하는 거야. 그런 사실은 몰랐지?

연빈 〉 에이, 그것까지야 제가 어떻게 알겠어요. 그렇다면 '말의 귀에 봄바람' 이 되는 거야?

아빠 〉 그렇지.

연빈 〉 그래도 이상하잖아. 말의 귀에 봄바람이 뭐 어쨌다는 거야?

아빠 〉 이 경우에는 '봄바람' 이라는 것을 좀 생각해 보아야 해. 봄이

되면 어때? 추운 겨울이 지나가고 따뜻해지면 사람도 말도
좀 싱숭생숭해지는 것이 정상이잖아. 그런데 이 말이라는 놈
은 그 포근하고 따스한 봄바람이 귀에 불어와도 아무런 감각
이 없어. 뭐 집히는 거 없어?”

연빈 〉 아, 아주 멍청한 말이구나. 가끔 엄마의 말에 대꾸하지 않는
아빠에게 엄마가 ‘쇠귀신 같은 인간’ 이라고 할 때의 그 ‘쇠귀
신’ 같은 건가?

연빈 〉 예끼, 이놈. 갖다 붙이긴 잘 붙이는구나. 여하간 ‘마이동풍’
은 ‘남의 의견이나 비평 또는 충고 등에 전혀 신경 쓰지 않는
것’ 을 말하는 거야. 그런 의미에선 네 말도 그럴 듯 하네.

연빈 〉 그런데 아빠. 이 ‘마이동풍’ 에도 당연히 유래가 있겠지.

아빠 〉 아무렴. 고사성어니까 역시 다음과 같은 유래가 있지.

원래 이 말은 「답왕거일한야독작유한(答王去一寒夜獨酌有恨 ;
왕거일이 추운 밤 홀로 술 마시며 한에 젖음에 답한다)」라는 이태백의
아주 긴 시에 처음 나온다. 이 시는 왕십이가 자신의 불우한
처지를 호소하고 이백은 그를 위로하는 것이 주된 내용인데
‘마이동풍’ 이 나오는 부분만 적어보면 다음과 같다.

世人聞此皆掉頭(세인문차개도두 : 세상 사람들은 이것을 듣고 모두가 머리를 흔드는데)
有如東風射馬耳(유여동풍사마이 : 마치 동풍이 말의 귀를 쏘는 것 같다)

당시 당나라는 닭싸움을 잘하는 자라든가, 약간의 무공을
세운 무인들만이 대접을 받았다. 그러니 왕십이나 이백 같은
문인들은 그저 시나 지으면서 세월을 보내는 수밖에 없었다.
그들이 제아무리 걸작을 써내도 세상에서는 물 한잔의 값어
치도 쳐주지 않았다는 것이다. 물론 이백의 한탄이지만.

바로 그런 안타까움과 울화통이 터짐을 이백은 '동풍이 말
의 귀를 쏘는 것 같다'고 표현한다. 동풍은 봄바람을 의미하
니 봄바람처럼 부드러운 존재가 아무리 말의 귀를 쏘아댄다
하더라도 말의 입장에서야 아플 리도 없을 것은 물론 신경조
차 쓰이지 않을 것은 뻔할 것이기 때문에 이렇게 표현했을
것이다.

연빈 〉 역시 이백인 것 같아. 안타깝긴 하지만 역시 멋있어.

아빠 〉 그럼, 시에 관한 한 신선인데.

다음은 멍청한 녀석의 이야기인 '각주구검(刻舟求劍)'

동의어

· 우이독경 (牛耳讀經 ; 소 우, 구 이, 읽을 독, 책 경)
· 대우탄금 (對牛彈琴 ; 마주할 대, 소 우, 튕길 탄, 거문고 금)

각주구검 刻舟求劍

|새길 각|배 주|구할 구|칼 검 / **어리석고 미련하여 융통성
이 없다는 의미** |

아빠〉 내가 두 가지 이야기를 해 줄게. 어느 쪽이 더 똑똑한지 한번
　　　생각해봐.

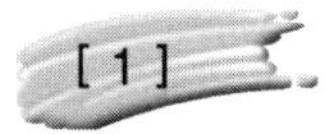

[1]

늦은 밤, 지갑을 잃은 사람이 가로등 근처에서 지갑을 열
심히 찾고 있었어. 지다가던 행인이 이 광경을 보고 무엇을
찾느냐고 물었지. 이 사람이 대답했어.

"지갑을 찾고 있어요."

행인은 어디서 잃었냐고 또 물었어.

그러자 그가 대답했어.

"몰라요."

어이가 없어진 행인이 지갑을 잃은 곳도 모른다면서 왜 가로등 밑에서 지갑을 찾느냐고 다시 물었지.

다음은 그의 황당한 대답이야.

"가로등 밑은 환하니까요."

[2]

춘추전국시대, 양자강을 건너는 배가 있었어.

그 배 안에 한 자루의 칼을 소중하게 껴안고 있는 초(楚)나라 사람이 타고 있었지.

그런데 배가 강 한 복판에 이르렀을 때 그만 칼을 물에 빠트리고 말았어. 허겁지겁 칼을 건지려 했지만 칼은 이미 깊은 물 속으로 잠긴 후였어.

그러자 이 사람, 허리춤에서 주머니칼을 꺼내 방금 칼이 떨어진 장소의 뱃전에 자국을 내서 표시를 하는 것이었지. 그리고는 의아해하는 사람들을 향해 의기양양하게 말하는 것이었어.

"내 칼은 여기서 떨어졌거든. 표시해 놓았으니까 이젠 안심이야."

연빈 〉 뭐 따질 필요도 없겠네. 다 똑같아.

아빠 〉 그래? 하긴 그런 것을 따져 무엇하겠냐? 오히려 두 사람의 당당함과 의기양양함에 박수를 보내지.

[이야기2]가 바로 고사성어 '각주구검(刻舟求劍 ; 배에 새겨 칼을 구하다)'에 대한 고사야.

굳이 설명을 하지 않아도 그 의미를 알겠지?

'사리에 밝지 못해 어리석은 행동을 하거나 시대의 흐름을 파악하지 못해 자기 식의 또는 구식의 방법 내지 생각만 고집하는 어리석은 사람의 행동을 비유해서 하는 말'이라는 사실을.

다음은 아빠의 이름과 관계되는 '대기만성(大器晚成)'

· 수주대토 (守株待兎 ; 지킬 수, 그루터기 주, 기다릴 대, 토끼 토)

대기만성 大器晚成

|큰 대|그릇 기|늦을 만|이룰 성/
|큰 사람이 되기 위해서는 많은 노력과 시간이 필요하다는 의미|

아빠 〉 아빠의 이름이 뭐지?

연빈 〉 뭐야? 아빠는. 딸이 아빠 이름도 모를까봐 물어보는 거야?

아빠 〉 글쎄, 말해봐.

연빈 〉 順興(순흥). 順(순할 순), 興(일어날 흥). '순하게 일어난다' 잖아!

아빠 〉 이 이름이 바로 여기의 고사성어 '대기만성'과 연결되는 거야.

연빈 〉 정말? 어떻게?

아빠 〉 '순(順)' 자에 '서서히' 라는 의미도 있다는 사실을 알면 내가 말하는 것이 이해될걸?

연빈 〉 그럼, 서서히 일어난다, 나중에 크게 된다. 어, 그러니까 그런 것 같기도 한데.

아빠 〉 그런 것 같기도 한 게 아니라 그런 거야. 아마 『후한서(後漢書)』「마원전(馬援傳)」에 나오는 다음의 고사를 보면 더욱 그럴듯하게 느껴질걸.

후한을 세운 광무제 유수에게 중용되어 후에 복파장군이란 높은 지위에 오르게 되는 마원.

그는 젊을 때 재주도 많고 용맹도 뛰어났지만 세상을 제멋대로 보고 마음내키는 대로 행동하는 흠이 있었다. 난세였기 때문에 그럴 수 있다고 치부할 수도 있겠지만 그의 최대의 실수는 한때 외척이면서 정권을 농락하다가 마침내 '신(新)'이라는 나라를 세운 왕망을 섬긴 일이다.

물론 왕망이 죽은 후 광무제에게 귀의하여 복파장군이 되긴 하지만.

그가 일찍이 지방의 관리로 임명되어 부임지로 향하던 중 형 마황(馬況)의 집에 들른 적이 있었다. 이때 형 마황이 격려차 마원에게 다음과 같은 말을 하는데 바로 고사성어 '대기만성'은 이 마황의 말에서 나오고 있다.

"너는 대기만성형이다.

솜씨가 훌륭한 목수는 산에서 방금 베어온 나무라도 오랫동안 갈고 닦아 자기 마음대로 물건을 만드는 법이다.

마찬가지로 너도 너의 재능을 살려 쉬지 않고 노력하게 되면 반드시 큰 인물이 될 수 있을 것이다.

부디 네 자신을 중요하게 여기고 신중하게 처신하기 바란다."

물론 삼국시대 위(魏)나라의 최염(崔琰)이란 장수가 좀 모자

란 듯 보여 주위의 친척들이나 친구들로부터 늘 업신여김을
받던 사촌 동생 최림(崔林)에게 했다는 다음의 말이 고사성어
'대기만성'의 유래라고 설명하기도 한다.

> "커다란 솥이나 커다란 종은 쉽게 만들어지지 않는 법이다. 마
> 찬가지로 커다란 재능 또한 쉽게 완성되지 않는다. 재능이 제대로
> 완성되려면 당연히 오랜 시간을 필요로 한다. 너는 대기만성형이
> 다. 오래도록 참기만 한다면 큰 인물이 될 수 있을 것이다."

아빠 〉 어때? 두 경우 모두 아빠 이름과 그 의미가 아주 똑같지 않
　　　아?

연빈 〉 글쎄요. 그렇기도 하지만, '晩(만)' 자를 '不(아니 불)'로 고치면
　　　어떻게 될까? 후후.

아빠 〉 어어, 이 녀석이 이제 아빠를 놀릴 수 있는 경지까지 왔네.

연빈 〉 아빠, 농담이에요. 농담. 딸이 아무리 그렇게 얘기할 수 있나
　　　요?

아빠 〉 여하간 이제 '대기만성'의 의미는 분명히 알았겠지?
　　　다음은 '선종외시(先從隗始)'

선종외시 先從隈始

| 먼저 선 | 따를 종 | 사람이름 외 | 시작할 시 /
| 가까이 있는 사람이나 말을 한 사람부터 시작하라는 의미 |

연빈 〉 외(隈)가 도대체 뭐야?

아빠 〉 사람이름이야.

연빈 〉 저런, 그걸 누가 알아? 꼭 사람이름이나 지명이 나오면 헷갈
린단 말이야.

아빠 〉 그건 아빠도 어쩔 수 없어. 본래부터 그렇게 만들어진 것인데
짜증이 나도 좀 참으시죠.

연빈 〉 알았어. 그럼 '먼저 외를 따라 시작하라' 라고 해석되는 거
야?

아빠 〉 거의 맞았다. 약간 말을 다듬으면 되겠어.

'먼저(先 먼저 선) 외(隈 사람이름 외) 로부터(從 따를 종) 시작하십
시오(始 처음 시).'

한 가지 덧붙이면 '종(從)'은 '～로부터'로 영어의 'from'과
같은 의미로 쓰이기도 해.

연빈 〉 그래도 의미를 모르기는 마찬가지야.

아빠 〉 당연하지. 『전국책(戰國策)』「연책(燕策)」에 나오는 다음의 고사
를 알아야만 그 의미를 분명히 알 수 있는 말이니까.

　때는 전국시대. 제(齊)나라에 많은 부분을 지배당하던 연
(燕)나라는 야심찬 소왕(昭王) 때에 이르러 비로소 제와 한판
붙을 꿈을 갖게 된다. 그 관건이 인재발굴에 있음을 일찍부
터 느낀 소왕은 재상 곽외(郭隗)에게 그 방법을 묻는데, 곽외는
우선 다음과 같은 이야기를 들려준다.

　옛날 어느 왕이 천리마를 구하려 했으나 3년이 지나도록 얻지
못했습니다. 그때 허드렛일이나 하는 어떤 사람이 구해오겠다고
장담을 합니다. 물론 천금을 주며 구해오라고 했지요.

　그런데 3개월이나 지난 후 그 사람은 5백금을 주고 샀다고 하
면서 죽은 천리마의 뼈를 가지고 돌아왔습니다. 당연히 왕은 노발
대발했지요.

　그러나 그 사람은 천연덕스레 말하는 것이었습니다.

　"천리마면 죽은 것이라도 5백금을 주고 사는데 살아있는 말이
면 그것보다 훨씬 더 많은 돈을 줄 것이라고 사람들은 생각할 겁
니다. 잠시만 기다리시면 머지 않아 원하는 천리마를 구할 수 있
을 것입니다."

　과연 그 사람의 말처럼 1년도 채 안되어 천리마를 끌고 온 사람
이 세 명이나 되었다고 합니다.

　　그리고 나서 바로 이 고사성어 '선종외시'의 유래가 포함된 다음과 같은 말을 하게 된다.

연빈 〉 그 후에 어떻게 됐어?

아빠 〉 소왕이 생각해 보니 그럴 듯하잖아. 그래서 외(隗)를 위해 황금대라는 궁전을 세우고 왕의 스승으로 대접했어. 그랬더니 아닌게 아니라 그 소문을 듣고 내노라하는 인물들이 몰려왔어. 예를 들면, 조나라 명장 악의(樂毅), 음양설의 시조인 대사상가 추연(鄒衍), 대정치가 극신(劇辛) 등등…. 당연히 이 인물들의 도움으로 소왕은 얼마 후 제나라에 대한 왕년의 원한을 설욕하게 되지.

다음은 중요한 의미는 술이 아닌 다른 데 있는 '두주불사(斗酒不辭)'

·선시어외 (先始於隗 ; 먼저 선, 시작할 시, 어조사 어, 사람이름 외)

두주불사 斗酒不辭

| 말 두 | 술 주 | 아닐 불 | 사양할 사 / **말술을 사양하지 않는다는 말로, 주량이 세다는 의미** |

아빠 〉 전에 어떤 유머책에서 봤는데 이런 이야기가 있더라.

한 남자가 한 여자를 만나 말했지.

"우심커까?(우리 심심한데 커피나 마실까?)

그 여자, 커피는 말고 술을 마시자고 하더래.

회심의 미소를 머금은 그 남자는 마다할 이유가 없었는데, 이 여자가 두주불사(斗酒不辭 ; 말술을 사양하지 않음)하더라나.

얼마 후 술집을 나선 두 남녀, 얼근해진 여자를 보고 남자가 말했대.

"우심뽀까?(우리 심심한데 뽀뽀나 할까?)

여자가 지그시 눈을 감자 다가서는 남자, 아! 그때 등장하는 불량감자, 딴 말로 하면 불량배.

그런데 이 위험천만한 순간 번개처럼 불량감자를 해치우고 난 그 여자가 하는 말.

"우다뽀자.(우리 다시 뽀뽀나 하자.)"

알고 보니 그 여자는 무술 고단자인 남자 사냥꾼.

연빈 〉 에이, 시시해 60년대 개그 수준이잖아.

아빠 〉 그래도 좀 웃으면서 봐 주라. 고사성어 '두주불사'를 설명하기 위한 아빠의 눈물겨운 노력이니까. 얘기는 좀 썰렁했지만 '두주불사'가 무슨 뜻인지는 확실히 알았잖아?

이런 이야기와 '두주불사'의 유래인 사마천의 『사기』에 나오는 「홍문의 연회」를 연결시키려니 좀 얄궂긴 하다. 그러나 한문에 흥미를 느끼게 되고 나름대로 활용할 수 있다면 뭐 어떤가?

때는 항우와 유방이 패권을 다투던 진(秦)나라 말. 서로 패권을 다툰다고 말은 했지만 아직 항우에 비해 유방이 많이 모자라던 시점.

곳은 항문이 아닌 기러기의 통과기점이라는 홍문(鴻門).

항우를 안심시키기 위해 전략상 신하가 될 것을 약속하는 자리였지만 항우의 최고 모사 범증은 부하에게 칼춤을 빙자해서 유방을 죽이라고 지시한다.

이를 알아챈 유방의 모사 장량의 지시에 따라 장군 번쾌가 역시 칼춤으로 맞받으면서 상대방을 죽이는 동시에 항우를 잔뜩 노려보게 된다.

이에 천하의 항우도 그 용맹함에 겁을 잔뜩 먹고 이름을 물으면서 술을 한잔 따라주고 다시 한 잔을 더 하겠느냐고 묻자 번쾌가 하는 다음 말에서 '두주불사'가 나오고 있다.

연빈 〉 그래서 어떻게 됐어?

아빠 〉 결국 항우는 유방을 놓아주게 되고 겨우 사지를 벗어난 유방 일행은 안도의 한숨을 돌리게 되지.

그러나 이 '홍문의 연회'는 '두주불사'라는 고사성어의 유래 이상의 엄청난 의미를 갖고 있어. 이야기 속의 범증이 이 사건을 계기로 항우의 곁을 떠나게 되는 것과 같은.

연빈 〉 왜? 최고의 모사라며? 그럼 안되잖아?

아빠 〉 사실 범증은 칼춤을 빙자해 죽이려던 계획이 수포로 돌아가자 이 번에는 그 장수를 죽인 것을 빌미로 유방일행을 죽이라고 권하게 돼.

그러나 항우는 사람 좋은 척 그럴 수 없다고 하지. 이에 항우에게 완전히 실망하고 떠나게 되는데 이 홍문의 연회이후 판도가 서서히 유방쪽으로 기울게 되는 거야.

다음은 도둑의 멋진 이름에 관계된 '梁上君子(양상군자)'

양상군자 梁上君子

| 대들보 양 | 위 상 | 임금 군 | 아들 자 / **도둑을 점잖게 이르는 말** |

연빈 〉 대들보(梁 들보 양) 위의(上 위 상) 군자(君子). 군자가 대들보 위
　　　 에? 이상한데.

아빠 〉 간혹 고사성어 중에는 글자가 나타내는 뜻과 내용 전체가 가
　　　 리키는 의미가 다른 것들이 있어. 여기의 '梁上君子(양상군자)'
　　　 가 바로 그 중의 하나야. 뜻은 '도둑'이지

연빈 〉 도둑? 그거 참, 더 이상하네.

아빠 〉 그러나 『후한서(後漢書)』「진식전(陳寔傳)」에 나오는 다음의 고사
　　　 를 보면 알겠지만 내용은 단순히 도둑에 관한 것이 아냐.
　　　 오히려 위트가 있으면서 백성들의 어려움을 헤아릴 줄 아는
　　　 지도자에 대해 말하고 있어. 우리 연빈이도 주위에 능력은
　　　 있으나 위트가 없는 선생님이나 선배가 있으면 이 이야기의
　　　 주인공처럼 되라고 한 번 권해봐.

연빈 〉 도대체 어떤 사람이기에 아빠가 그러는지 어서 그 고사를 듣
　　　 고싶네.

중국 후한시대.

젊은 시절 작은 고을의 수령으로서 하찮은 일을 하면서도 독서에 힘쓰고 백성의 신망을 받던 진식(陳寔)이라는 사람이 있었다.

흉년이 들어 모든 사람들이 고생이 심하던 어느 해, 평소처럼 독서에 열중하던 진식의 방에 들어서는 한 사람이 있었다. 그는 슬그머니 대들보 위로 올라가는 것이었다.

모른 체 시치미를 떼고있던 진식, 자식은 물론 손자까지 방으로 불러모으고는 들으라는 듯 큰 소리로 말했다.

"사람은 스스로 힘써야 한다. 선량하지 못한 사람이라도 본성이 나빠 그렇게 된 것은 아니다. 습관이 잘못된 것이지. 지금 저 대들보 위의 군자도(梁上君子) 그런 분들 중의 하나지."

연빈 〉 정말로 멋진 사람이네. 아빠가 반할 만한데. 그런데 대들보 위의 도둑이 그 얘기를 들었을 텐데 어떻게 했어?

아빠 〉 아무리 간이 큰 도둑이라도 이런 말을 듣고 가만히 있을 수 있었겠니? 급히 내려와 백배 사죄했지.

연빈 〉 그렇게 될 줄 알고 진식이라는 사람이 일부러 크게 말을 한 건가?

아빠 〉 그럴 수도 있겠지. 하지만 그것은 중요한 것은 아니고 그 다음 진식의 행동이 더 값어치가 있겠지?

연빈 〉 어떻게 했는데?

아빠 〉 비단 두 필을 주어 보내면서 아마 다음과 같이 말했다지.

'자네 행색을 보니 나쁜 사람 같아 보이지는 않구먼. 너무 가

난해서 이런 행동을 한 것이겠지?'

연빈 〉 그 도둑 감격해서 눈물을 펑펑 쏟았겠다.

아빠 〉 눈물을 흘린 것은 당연하고, 그 일이 있은 이후 그 고을에는

아예 도둑이란 말 자체가 없어졌대나 어쨌대나.

다음은 옛것을 갈고 닦아 오늘을 새롭게 한다는 '온고지신(溫

故知新)'

온고지신 溫故知新

| 익힐 온 | 옛 고 | 알 지 | 새 신 / **옛 것을 알면서 새 것도 안다는 의미** |

연빈 〉 아빠, 학교에서 오다 보니까 어떤 컴퓨터 회산데 돼지머리를
　　　놓고 무슨 제사를 지내더라?

아빠 〉 아, 고사 지내는 것을 본 모양이구나.

연빈 〉 고사? 우리가 배우는 고사성어의 '고사' 는 아닐텐데?

아빠 〉 물론 아니지. 그 경우는 한자를 '告祀(고사)' 라고 쓰는데 뜻이
　　　'잘 되게 해달라고 하늘에 고하는 제사' 고, 우리가 배우는 고
　　　사는 잘 알다시피 '故事(고사)' 라고 쓰면서 '옛날 이야기' 잖
　　　아.
　　　바로 이런 차이를 알기 위해서도 한문공부는 아주 중요하지.
　　　여하간 그런 최첨단의 사업인 컴퓨터에 관한 일을 하면서도
　　　돼지머리를 놓고 고사를 지낸다니 참, '온고지신(溫故知新)' 이
　　　라고 웃어야 될지 울어야 될지 모르겠구나.

연빈 〉 溫(따뜻할 온), 故(죽을 고), 知(알 지), 新(새로울 신). 그럼 죽은 것
　　　을 따뜻하게 해서 새 것을 안다. 알 것 같은데. '죽은 것을 따

뜻하게 한다' 는 말이 좀 이상한 것 같지만.

아빠 〉 물론 '故' 를 '古(옛 고)' 와 같은 뜻으로 보면 해석이야 간단하지. '옛것을 따뜻하게 하여, 즉 오늘에 되살려 새것을 안다' 라고. 의미로야 이 정도면 훌륭하지.

그러나 느낌이 좀 달라. 이 '온고지신' 의 본래 의미가 '옛것, 아직도 남아있는 것은 물론이요 이미 없어진 것 중에서도 필요한 것이면, 아니 반드시 되살려내야만 할 것이면 그것을 되살려낼 때라야 새로운 것을 알 수 있게 된다' 는 의미이기 때문이지.

연빈 〉 약간 차이가 나는 것 같긴 한데. 굳이 그렇게까지 구분해야 할까?

아빠 〉 글쎄, 엄밀하게 구분하지 않아도 의미를 이해하는데는 별 지장이 없지. 다음의 자세한 설명을 보고 다시 한 번 생각해 보거라.

'온고지신(溫故知新)' 은 이미 잘 알려진 대로 공자의 『논어(論語)』에 나온다.

유가의 시조인 공자는 복고주의(復古主義 ; 옛것을 회복하고자 하는 생각)를 숭상한 인물인데, 그가 주장한 '복고(復古)' 의 '古' 는 옛날 주나라 시대의 문물을 가리킨다.

이런 배경에서 고사성어 '온고지신' 의 유래가 되는 『논어』 「위정(爲政)」편에 나오는 '溫故而知新 可以爲師矣(온고이지신 가이위사의 : 옛것을 되살려 새것을 알게되면 스승이 될 수 있는 법)' 을 살펴보면 ‘옛것’ 이라는 것이 바로 주나라의 문물들, 자세히 말하면 남아 전해진 것은 물론이요 없어진 것들 중에도 복원할 필요가 있는 것들은 살려내야 한다는 의지가 담겨있다고 보겠다.

물론 그것까지 해야되고 또 그것에 의지하여 새로운 것들을 알아야 진정한 스승이 될 수 있다고 주장하는 것이다. 허나 현대의 의미에서야 어디 그렇게 빡빡한 해석이 반드시 필요하랴!

다만 스승이란 단순히 학문전달 만을 목표로 하는 사람이 아니라 시대의 흐름을 읽을 줄 알아야 하는 사람인데, 그 시대의 흐름을 파악하려면 바로 과거에 대한 올바른 시각 내지는 인식을 가지고 있어야만 한다는 것만은 분명하겠지.

연빈 〉 설명을 들으니 ‘溫故’ 의 ‘故’ 를 아빠가 설명한 대로 생각하는 것이 필요하겠어.

아빠 〉 그래, 조금이라도 그런 기분이 들었다면 다행이다.

다음은 옥과 돌이 함께 섞여서 구분이 쉽지 않다는 ‘玉石混淆(옥석혼효)’

· 법고창신 (法古創新 ; 법 법, 옛 고, 처음 창, 새 신)

옥석혼효 玉石混淆

|구슬 옥|돌 석|섞일 혼|뒤섞일 효 /
|옥과 돌이 어지럽게 뒤섞여 있다는 뜻으로 좋고 나쁨을 구분하지 못할 때 쓰이는 말|

아빠 〉 '옥석(玉石)' 두 글자는 쉬운데, '혼효(混淆)' 두 글자는 만만치 않지?

연빈 〉 정말 그래. 혼효가 무슨 뜻이야?

아빠 〉 '(뒤)섞여있다' 는 뜻이야.

연빈 〉 그럼 의미는 간단하네. '옥하고 돌하고, 다시 말해 진짜와 가짜가 섞여있으니 구분하기가 어렵다' 뭐 그런 의미일 것 같은데!

아빠 〉 바로 그래. 이 고사성어는 갈홍(葛洪)이라는 사람이 지은 『포박자(抱朴子)』라는 책에 나오는 다음과 같은 부분에서 나와. 세태의 혼탁함과 시대의 변화추이를 못 따라가는 지식인에 대한 질펀한 한바탕의 욕이라 할 말하지.

경전이 도의(道義)의 바다라면 제자백가의 책은 그것에 깊이를 더하는 강의 흐름으로 방법은 달라도 덕을 위주로 한다는 점에서는 같다. 그러므로 고인은 '곤산의 옥'이 아니라고 해서 '야광주'를 버리거나 하지 않았고, '성인의 책'이 아니라고 해서 '수양에 도움이 되는 말들'을 버리지는 않았다.

그런데 한나라, 위나라(漢魏 : 한위)이래 좋은 말들이 많이 나와있지만 그것의 가치를 알만한 성인도 없을 뿐만 아니라 견식이 좁은 패거리들은 글자에만 얽매여 기이한 점을 가볍게 여겨 소홀히 취급하고, 작은 도(道)일뿐 볼만한 것이 없다고도 하고, 광박(廣博, 넓고 넓어)해서 사람들의 생각을 어지럽힐 뿐이라고 말한다. 먼지도 쌓이면 태산을 이루고 눈부신 아름다움도 여러 가지 색이 모여 이루어진다는 사실을 알지도 못하면서 지껄이는 자들이다.

천박한 시들만 감상할 줄 알았지 정작 의(義)에 정통한 제자백가들의 책 속에 언급된 금언들은 알아보지도 못하고 깔보기 일쑤면서 실이 없고 공허한 것들만 그럴 듯하게 여기고 있다.

바로 이것이 참과 거짓이 거꾸로 되고, '옥과 돌이 섞여 뒤범벅이 되어있다'는 것이다. 고상한 음악도 속된 음악으로 보고, 비단옷이나 누더기를 똑같은 것으로 여기면서도 어찌 그렇게 태평스러울 수 있단 말인가? 참으로 안타까운 일이다.

연빈 〉 멋있는 말이긴 한데 어째 너무 욕만 하고 있는 것 같애.

아빠 〉 그렇지? 자신에 대한 푸대접을 제자백가들을 끌어들여 함께 푸대접을 받고있다는 식으로 노골적인 불만을 털어놓고 있는 데 어느 정도 자기 독선적인 면이 있는 것 또한 사실이지.

하지만 갈홍이 살던 동진(東晋)이라는 시대가 잘 아는 조조의 위나라를 찬탄했다고도 할 수 있는 사마씨가 세운 나라로 곧 이어 북방으로부터 오호(五胡)라 불리는 다섯 족속의 오랑캐 가 내려와 한족과 혼합되는 시대야.

아빠 생각에는 아마 글도 글이지만 그런 시대상황도 이런 내 용을 쓰는 데 무관하지는 않았을 것 같애. 더 자세한 것은 후 에 네가 공부해서 알아보렴.

다음은 항우의 최후에 얽힌 사연인 '권토중래(捲土重來)'

· 옥석구분 (玉石俱焚 ; 구슬 옥, 돌 석, 함께 구, 태울 분)

권토중래 捲土重來

| 말아감을 권 | 흙 토 | 다시 중 | 올 래 /
| 어떤 일에 실패한 뒤 다시 힘을 쌓아 그 일에 재차 착수하는 일 |

아빠 〉 아빠가 먼저 한자를 설명해 주지. '땅을(土 흙 토) 말아(捲 말아감을 권) 다시(重 무거울 중, 다시 중) 오다(來 올 래)'라고 해석돼.

연빈 〉 땅을 말아 오라니? 땅을 팔라는 얘긴가? 그것도 아주 통채로.

아빠 〉 이 녀석, 무슨 땅 투기할 일 있냐?

연빈 〉 그럼 뭐야?

아빠 〉 심기일전(心機一轉 ; 마음의 틀을 다시 한 번 돌리다)하여 다시 한 번 해보라는 의미야.

다음과 같은 고사를 보면 알 수 있을 거야.

유방의 군사에 쫓겨 최후로 당도한 오강(烏江)에서 항우는 지금의 역장에 해당하는 정장으로부터 고향 강동으로 돌아가라는 권유를 받게 된다. 하지만 패전한 이 꼴로 어찌 강동의 부형들을 볼 수 있냐며 자결하는데, 이 때가 BC 202년 그의 나이 31살이었다.

그 후 1000여 년의 세월이 지난 당나라 말.

시성 두보에 비견되어 소두(小杜; 작은 두보)라 불리던 시인 두목(杜牧)이 이곳을 우연히 지나게 된다.

두목은 오강 기슭 정자에 기대어 잠시 쉬고 있었는데, 문득 그 옛날 항우의 일이 떠올라 한 수의 시를 짓게 된다. 그 시가 이름하여 「제오강정(題烏江亭 ; 오강 기슭 정자에 제하다)」

여기의 고사성어 '권토중래(捲土重來)'는 다음의 바로 그 시에서 나오고 있다.

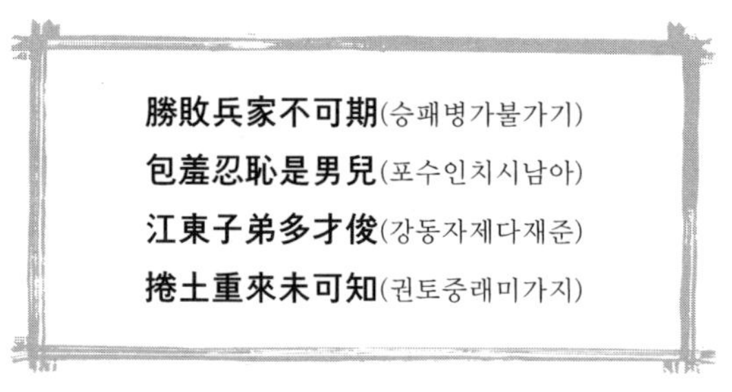

우리말로 하면

승패는 병가에서 기약할 수 없는 것
수치를 보듬어 안고 치욕을 참는 것이 진짜 남자
양자강 동쪽엔 준재들이 많으니
땅을 말아 다시 왔으면 알 수 없었을 것을

연빈 〉 맞아, 나도 그렇게 생각해. 항우가 자결한 것은 정말 잘못된
것 같애.

아빠 〉 물론 항우에 대해 호감을 갖고 있었고 너무 젊은 나이의 죽음
이 안타까워 두목은 '수치를 참고 강동으로 돌아가 후일을
도모했으면 강동엔 인재들이 많으니 다시 한 번 해 볼만했
다.'고 애석해 했지만 역사는 냉정한 것이라고 정반대의 해
석들을 하는 사람들도 많아.

왕안석, 증공, 사마천 같은 기라성같은 사람들이 바로 그들인
데 그들의 한결같은 주장은 '항우가 설혹 강동으로 돌아갔다
하더라도 권토중래(捲土重來 ; 한 번 실패한 사람이 다시 세력을 회복
함)는 결코 없었을 것' 이라는 거지.

'만약' 을 넣어 생각해 볼 수는 있겠지만 어차피 역사의 수레
바퀴를 거꾸로 돌릴 수는 없는 일이지.

다음은 멋진 사람에 대한 '살신성인(殺身成仁)'

살신성인 殺身成仁

|죽일 살|몸 신|이룰 성|어질 인 / **인의를 위하여 목숨을 바 친다는 뜻**|

연빈 〉 아빠, 이 말도 많이 들어본 것 같아. 특히 신문이나 TV에서 많이 나왔던 것 같은데.

아빠 〉 그렇지? 지하철역에서 누구를 구하고 대신 죽었다, 여름에 수영하는 사람을 구해주고 죽었다하는 식으로.

연빈 〉 맞아. 맞아. 바로 그럴 때 감초처럼 이 말이 꼭 나왔던 것 같애.

아빠 〉 그런 정말로 숭고하고 아름다운 일을 의미하는 말이니까 그렇지.

연빈 〉 '몸(身 몸 신)을 죽여(殺 죽일 살) 인(仁 어질 인)을 이루다(成 이룰 성)'. 아, 여기 '身'은 자신을 의미하겠네. 그럼, 자기자신을 죽여 좋을 일을 하다. 뭐 그런 의미겠다.

아빠 〉 역시 이제는 고사성어 보는 데는 귀신이 다 됐구먼. 그럼 의미는 알았으니 『논어』「위령공」편에 나오는 그에 관계되는 부분을 보기만 하면 되겠구나.

『논어』「위령공(衛靈公)」편에는 뜻 있는 선비와 어진 사람의 삶에 대해 다음과 같은 구절이 있는데 이 고사성어 '살신성인' 은 바로 그 구절에서 나오고 있다.

志士仁人 無求生以害仁 有殺身以成仁(지사인인 무구생이해인 유살신이성인)

우리말로 하면

뜻 있는 선비와 어지러운 사람에게는
어짊을 해쳐서 구차하게 삶을 구하는 법(남을 해쳐서 자신만의 이익과 편안함을 구하는 것)은 없지만,
자신을 죽여서 인을 완성하는 법(자신의 이익을 희생하여 남을 구하고 돕는다)은 있다

연빈 〉 이 구절에 의하면 뜻 있는 선비나 어진 사람이어야만 꼭 그런 일을 할 수 있는 거 아닌가?

아빠 〉 본래부터 그런 사람이 있어? 설혹 있다고 해도 보통 사람이 그런 일을 못한다고 하면 말이 안되잖아? 그러니 그것보다는 그런 숭고한 일을 하게되면 지사(志士)나 인인(仁人)이라 할 수 있다고 보아야겠지.
물론 수양과 교육을 고도로 강조하는 입장에서는 수양하고 교육받아야 그런 사람, 즉 지사나 인인이 될 수 있을 테니까 그

런 사람만이 살신성인할 수 있다고 하겠지.

하지만 어느 쪽으로 보던 의미의 차이는 없어.

연빈 〉 어렵지만 늘 남의 입장을 이해하려 애써야 살신성인할 수 있 겠구나.

아빠 〉 그렇지. 그래서 어려서부터 봉사활동도 하고 시설도 방문해 보고 또 장애인이나 노약자 등과도 대화를 많이 하는 습관을 길러야해.

그래야 커서 무언가 의미 있는 일을 하게 될 때 '남을 해쳐 나의 이익만을 취하려고 하지 않을 것'이고 더 나아가 나를 죽여 남을 구하는 일, 즉 살신성인을 이룰 수 있을 거야.

아빠는 우리 연빈이가 고사성어를 배우면서 단순히 의미만을 아는 것이 아니라 그 고사들 속에서 앞으로 미래의 '살신성 인'을 꿈꿀 수 있는 그런 실마리들을 찾아내길 바라는 거야. 참고로 말하면 꼭 죽는 것만이 살신성인은 아냐. 물론 잘 알 고 있겠지만!

자. 다음은 '괄목상대(刮目相對)'

괄목상대 刮目相對

| 다른 사람의 학식이나 재주가 생각보다 부쩍 진보한 것을 이르는 말 |

연빈 〉 아빠, '刮(괄)' 자가 무슨 뜻 인지만 알면 의미는 어렵지 않겠
는데...

아빠 〉 그래? 그럼 글자를 나눠봐. 舌(혀 설)과 (칼 도)로.

연빈 〉 혀와 칼? 혀에다 칼을 대다? 혀처럼 칼처럼?

아빠 〉 그렇지. 그렇게 여러 가지로 말을 만들다 보면 뜻을 추측할
수가 있어.
혀에다 칼을 갖다 대고 하는 일이니까 '깎다', '갈다', '닦
다' 가 될 수 있겠고, 혀도 칼도 잘 다듬고 갈아야 하는 것이
라고 보아도 같은 뜻이 되지.
그런 의미들이 눈과 연결되면 '비비다' 가 되겠지.

연빈 〉 그럼, '눈을 비비고 서로 대하다' 가 되겠네.

아빠 〉 맞아. 하지만 약간 말을 다듬을 필요가 있지. '(이삼일만 서로 보
지 않아도 상대방이 얼마나 나아졌는지) 눈을 비비고 서로 대해야 한
다.' 라고.

연빈 〉 아, 그래서 '상대방의 실력이 갑자기 몰라보게 좋아진 상태'
　　　를 '괄목상대' 라고 하는구나.

아빠 〉 맞았어. 다음의 고사가 위의 설명을 더욱 더 분명하게 해 주
　　　고 있지.

　중국의 삼국시대, 오나라 손권의 휘하에 여몽(呂蒙)이라는
장군이 있었지.

　후에는 그 유명한 관우를 생포하는 혁혁한 공을 세우게 되
지만 본래는 출신도 형편없고 학식도 없이 오직 무예만 믿고
설치는 인물이었어.

　손권이 공부를 권하면 '글도 모르지만 일이 많아 글 읽을
시간 없다' 고 핑계대기 일쑤였지.

　어느 날 손권이 다음과 같은 말을 하게 되는데, 이로 인해
여몽은 그야말로 오직 공부에만 매달리게 되고 얼마 지나지
않아 커다란 진전을 이루게 돼.

"자네가 일이 많기로서니 나보다 많겠는가?

　옛날 후한을 세우신 광무제께서도 손에서 책을 놓지 않으셨고,
저 위나라 조조도 자기 스스로 공부를 좋아한다고 하지 않는가?

　아무 것도 할 수 없다면 여기저기 전해오는 자료들만이라도 보
게나."

　한편 손권에게는 학식이 높고 지혜가 출중한 노숙(魯肅)이라는 인물이 있었어.

　이 노숙은 여몽을 힘만 센 단순한 무식쟁이로 생각해 하찮게 여겨왔었는데, 어느 날 문득 여몽이 외모는 물론이요 말투까지 달라진 사실을 깨닫게 된 거야.

> "나는 당신이 무예만 안다고 생각했지 학식이 이렇게 높은 줄은 진정 몰랐습니다. 당신은 이미 옛날의 여몽이 아니군요."

　다음은 노숙의 이 말에 대한 여몽의 대답인데, 바로 여기에서 '괄목상대'가 나오게 된 거야.

> "모름지기 선비는 사흘만 보지 않아도 눈을 비비고 상대방을 대해야 하는 것 아니겠소?"

연빈 〉 와, 멋있다. 이런 것을 보면 역시 공부는 좀 해야 되는가봐.

아빠 〉 임마, 좀이 뭐야 좀이. 해도 아주 많이 해야지.

　　여하간 '괄목상대'의 의미는 분명히 알았지!

　　그럼 이번에는 무슨 일이든 하려면 질릴 정도로 오래 꾸준히 해야되는 것에 대한 교훈인 '우공이산(愚公移山)'.

우공이산 愚公移山

| 어리석을 우 | 귀인 공 | 옮길 이 | 뫼 산 /
| 어떤 큰 일이라도 끊임없이 노력하면 반드시 이루어짐을 비유 |

아빠 〉 여기서 '우공(愚公)'은 어떤 사람을 가리키는 말이야.

연빈 〉 그럼 '우공이 산을 옮기다(移 옮길 이)' 잖아.

아빠 〉 그래. 해석은 네가 말한 대로 간단한데 의미는 '어떤 일이든 성실하게 꾸준히 하면 반드시 이루어진다' 야. 그야말로 '꿈은 이루어진다' 지.

연빈 〉 얼른 이해가 가지 않는데? 역시 고사 때문이야?

아빠 〉 당연하지. 『열자(列子)』「탕문(湯問)」편에 나오는 다음의 고사를 보면 왜 그런 의미로 사용되는 지를 분명히 알 수 있을 거야.

옛날 중국의 북산(北山)에 나이가 99살이나 되는 우공(愚公)이라는 사람이 살고 있었어.

그런데 이 우공이 사는 북산의 앞을 태행산, 왕옥산이라는 두 산이 가로막고 있다는 것이 문제였지. 이 두 산은 사방의 둘레가 700리, 높이는 만장이나 되었어.

그런 거대한 산들이 앞을 가로막고 있었으니 우공의 입장에선 늘 불만이었겠지.

참다못한 우공은 마침내 가족들을 모두 불러모으고 다음과 같이 선언하게 되었어.

가족들 모두가 찬성하고 마침내 대공사는 시작되지만 가장 어처구니없어하는 사람이 있었는데 황하 변에 사는 지수(智水)였어. 그 지수가 다음과 같이 시비를 걸었지.

이런 의구심에 대해 우공은 다음과 같이 대답하는데, 바로 그 대답이 '우공이산'이 '어떤 일이든 꾸준히 하면 반드시 이루어진다' 라는 의미로 쓰이게 되는 실마리가 되는 거야.

연빈 〉 참, 그 할아버지 대단하네. 나이도 99이나 되셨다면서. 하긴
성경의 아브라함은 100세에 아들을 낳았으니 할 말이 없지
만.

아빠 〉 그런데 놀라운 일은 그 다음에 벌어졌어. 우공의 말을 듣고
두 산을 지키는 신들이 깜짝 놀란 거야. 계속해서 산을 파내
면 그야말로 큰 일이겠다 싶었지.
그래서 옥황상제에게 사정을 호소하게 됐는데, 옥황상제가
가만히 듣고 보니 이 우공이 참으로 기특하더란 말이지. 해서
졸개 신들에게 두 산을 아주 멀리 떨어뜨려 놓으라고 명령했
다는 거야. 우공의 소원이 빨리 이루어지게 된 거지.

연빈 〉 아유, 말도 안돼.

아빠 〉 그 말도 안 되는 부분 때문에 이 '우공이산'이 '어떤 일이든
성실하게 꾸준히 하면 반드시 이루어진다'라는 의미가 된 거
야. 마음에 깊이 간직할 만한 내용이지.
다음은 여우가 호랑이의 위세를 빌린다는 '호가호위(狐假虎
威)'

호가호위 狐假虎威

|여우 호|빌릴 가|범 호|위엄 위 / **다른 사람의 권세를 빌려 허세 부림을 비유** |

연빈 〉 여우가(狐 여우 호) 호랑이의 위세를 빌리다(假 빌 가, 가짜 가). 그렇다면 당연히 '약자가 강자의 위세를 빌려 폼을 잡는다' 는 의미가 되겠네.

아빠 〉 맞아, 해석도 간단하고 의미도 비교적 쉽지.
그런데 『전국책(戰國策)』「초책(楚策)」에 나오는 다음의 고사를 보면 알겠지만 여우가 호랑이의 위세를 비는 방법이 참으로 기상천외해.

전국시대 초나라에 소해휼(昭奚恤)이라는 인물이 있었지.
본래 위나라 출신으로 위나라로부터 뇌물을 받고있다는 혐의를 받고 있기도 했지만 여하간 그를 다른 나라들이 매우 두려워한다는 소문이 나돌고 있었어.
이 소문이 진짜인지 궁금했던 초나라 선왕이 어느 날 이렇게 물었지.

선뜻 나서는 사람이 하나도 없었어. 한참 후 오직 강을(江
乙)이라는 사람이 나서 그에 대한 자초지종을 다음과 같이 설
명하게 되지. 이 고사성어 '호가호위'의 유래가 되는 이야기
는 바로 그 내용 중에 포함되어 있던 거야.

연빈 〉 저런 바보 같은 호랑이!

아빠 〉 너도 알겠지. 동물들이 여우를 무서워한 것이 아니라 실은 호
랑이를 무서워한 것이라는 사실을. 강을 또한 그런 의미에서
다음과 같이 설명을 덧붙이고 있지.

'호랑이는 동물들이 자신을 두려워한다는 사실을 몰랐던 겁니다. 지금 임금의 영토는 사방이 5천리, 병사는 일 백만에 육박합니다.

그런데 모든 일은 소해휼이 다 관리하고 있습니다. 지금 여섯 나라가 소해휼을 두려워하는 것은 소해휼 자체가 무서워서가 아니라 뒤에 임금께서 계시기 때문인 것입니다.'

연빈 〉 그럼 뭐야? 소해휼이라는 사람은 아무 것도 아니었다는 거야?

아빠 〉 그건 모르지. 정말로 소해휼이 위나라와 내통하고 있었는지, 초나라 왕의 위세만을 믿고 허풍을 떨던 인물이었는지, 그리고 이어서 강을은 그런 사실을 자신만이 알고있었기 때문에 소해휼이 자신을 왕과 만나지 못하게 방해했다고까지 주장하는데 과연 그 말이 사실인지.

여하간 '호가호위'의 의미가 무엇인지는 분명히 알았잖아! 그럼 됐지.

다음은 흔히 '여러 사람이 제멋대로 마구 떠들어댄다' 라고 알고 있지만 사실은 '많은 사람이 떠들어대면 상대하기가 어렵다' 는 의미의 '중구난방(衆口難防)'

중구난방 衆口難防

|무리 중|입 구|어려울 난|막을 방 / **여러 사람의 입을 막기는 어렵다는 비유**|

연빈 〉 이건 간단하겠다. 우선 4자 한문이니까 2자씩 나누면, 衆口(중구 ; 많은 입) 그리고 難防(난방 ; 막기 어렵다).

그러니까 '여러 사람이 이러쿵저러쿵 떠드는 것은 방비하기가 어렵다' 는 의미겠네.

아빠 〉 맞아. 글자도 평범하고 의미도 비교적 간단하지. 하지만 의미도 의미지만 『십팔사략(十八史略)』이라는 책에 나오는 다음의 고사를 통해 말을 조심해야함은 물론 많은 사람들의 말, 즉 여론(그 말들이 호의적이든 악의적이든)에 대해 대처하는 방법까지를 생각해 보는 것도 의미가 있을 거야.

주(周)나라 여왕(厲王)은 여론을 무척이나 싫어했어. 그래서 온 백성들로 하여금 함부로 입을 놀려 말하는 것을 엄격히 통제했지. 그 정도가 갈수록 심해지자 소공(召公)이라는 신하

가 언론탄압을 중지해줄 것을 간청하게 되었어. 백성들의 입
을 막으면 시내를 막았다가 터지면 온 나라가 물벼락을 맞게
되는 것보다 더 심한 해를 당하게 된다는 것이었지.

옛날이나 지금이나 무슨 일이든 자기 마음대로 할 수 있는
위치에 있게되면 남의 말이 잘 들리지 않는 법이지. 여왕 역
시 소공의 간청에도 아랑곳없이 언론탄압을 계속하다 폭동
으로 인해 다른 나라로 도망가는 신세가 되고 말아.

폭동 이후 주나라는 왕이 단독으로 통치하는 것이 아니라
대신들의 합의하에 정치를 해 나가게 되는, 이른바 공화정이
시작되는데 이 때부터 흔히 춘추시대라고 해.

그 춘추시대 초기, 송나라에 사마벼슬을 하는 화원(華元)이
라는 사람이 있었는데 그가 어느 날 새로운 성을 쌓는 총책
임자로 임명되었어.

그런데 문제가 있었지. 그에게 적국의 포로였던 전력이 있
었던 거야. 당연히 백성들의 야유와 비웃음이 빗발쳤는데 이
'중구난방'은 그 난리를 겪으면서도 의연하게 대처했던 화원
의 다음 말에서 나오고 있어.

연빈 〉 어찌 보면 적극적으로 대처하지 않고 소극적으로 일을 처리

하려고 했다고 볼 수도 있는데 과연 성을 제대로 쌓기나 했을까?

아빠 〉 무슨 소리! 세상에서 솔직함보다 더 강한 것은 없는 법이지. 더구나 '중구난방'이란 세상이치를 정확하게 알아 그에 맞게 대처했다고 할 수 있겠지. 당연히 화원의 이런 태도는 인근 고을의 백성들에게 커다란 감명을 주게 되었고 일에도 적극 협력하게 되는 계기가 되었어.

그리고 이런 사람이라면 백성들에게 못할 리도 없었을 테니까 오래도록 백성들로부터 존경도 받게 되었고.

다음은 제자란 스승에게서 배운 존재지만 스승보다 더 나을 때 사용하는 말인 '청출어람(靑出於藍)'

청출어람 靑出於藍

|푸를 청|날 출|어조사 어|쪽풀 람 / **제자가 스승보다 더 나음을 비유** |

아빠 〉 언어를 공부할 때는 다 마찬가지지만 한문에서도 '於(어)' 같은 일정한 역할을 하는 말들을 익히는 것이 중요해. 우선 여기에 나오는 '於(어)'는 '…에(서)'라는 뜻으로 영어에서는 일종의 전치사 정도지.

연빈 〉 그렇다면 '청(靑 푸를 청)은 남(藍 쪽풀 남, 남색 남)에서 나온다'가 되는데 뭐 이래? 특별히 어떤 의미가 있을 것 같지도 않잖아.

아빠 〉 사실 이 문장만을 가지고는 본래의 완전한 의미가 나오지 않지. 다만 『북사(北史)』「이밀전(李謐傳)」에 나오는 간단한 다음의 고사와 『순자(荀子)』「권학편(勸學篇)」에 나오는 말, 그리고 염색하는 방법으로 인해 '제자가 스승보다 뛰어난 경우, 또는 아주 뛰어난 제자'의 의미가 된 거야.

[1]

북위(北魏)의 이밀(李謐)은 본래 공번(孔璠)이라는 스승 밑에서 공부를 했는데 날이 갈수록 그 진보가 대단했다. 얼마 후 그가 스승 공번을 능가하게 되자 공번은 스스로 자기를 낮추어 이밀의 제자가 되기를 자청했다. 그러자 주위의 동문 수학자들이 출남(出藍), 출남지예(出藍之譽)라는 말로 이밀을 높이고 기렸다.

[2]

순자(筍子) 권학편(勸學篇)에 나오는 말로 학문이란 멈추면 안 된다. 푸른색이 쪽풀에서 나오지만 그 근본인 쪽풀 보다 더 푸르듯(靑出於藍 而靑於藍), 얼음이 물에서 나오지만 그 근본인 물보다 더 차듯 쉬지 않고 공부를 계속하다 보면 스승을 능가하는 제자도 나오는 법이다.

[3]

염색에 사용하는 남옥(藍玉)이라는 것이 있다. 이것을 잘 짓이겨 물을 담아놓은 독 속에 풀어놓는다. 며칠 후, 기다란 나무막대로 독 안의 물을 휘저으면 거품이 일어나는데 이 거품을 '남물'이라고 한다. 이 남물에 실이나 헝겊을 적시면 푸른색으로 물이 드는데 이것이 이른바 '염색'이라는 것이다.

본래 남옥은 완전한 푸른빛이 아니라 검정에 가까운 쪽풀빛인데 짓이겨져 물에 풀어지면 화학반응으로 인해 본래의 쪽풀빛 보다 더 짙은 청색이 되기 때문에 염색의 과정을 통해 더 좋은 상태로 되는 것을 '청출어람'으로 표현하였다.

연빈 〉 고사나 순자의 말, 염색 방법을 보니 '청출어람'이 '제자가
스승보다 뛰어난 경우, 또는 아주 뛰어난 제자'라는 의미가
됨을 충분히 알겠네.

아빠 〉 그렇지? 사실 '청출어람'에는 '청어람(靑於藍)'이 첨가되어야
해. 그리고 '於(어)'에는 '…보다'라는 의미도 있고. 그렇다면
본래는 '靑出於藍 靑於藍(청출어람 청어람 : 청은 남에서 나오지만 남
보다 더 푸르다)'인데 '청출어람'으로 사용된다는 것이니 문장
만으로도 의미가 분명해지지.
다음은 오자서의 한이 서린 '일모도원(日暮途遠)'

· 출람 (出藍 ; 날 출, 쪽 람)

일모도원 日暮途遠

연빈 〉 日(해 일), 暮(저물 모, 저녁 모), 途(길 도), 遠(멀 원)이니까 '해는 저무는데 길은 아직 멀다' 라고 해석이 되겠네.

아빠 〉 맞아. 해석도 간단하고 의미도 '상황이 너무 늦어버려 어찌할 수가 없다' 라고 별 어려움이 없지. 하지만 사마천의 『사기』 「오자서열전(伍子胥列傳)」에 나오는 이 고사에는 오자서(伍子胥)라는 사람의 한 서린 사연이 숨어있어.

연빈 〉 얼마나 안타깝기에 한 서린 사연이라고 하는지 정말 궁금하네!

초나라 평왕 때 비무기(費無忌)라는 인물이 진나라에서 데려온 미인을 왕에게 바쳐 신임을 얻게 되었어. 신임이 높아감에 따라 간이 커져갔고 마침내 왕을 몰아내려 한다고 태자 건(建)을 모함하기에 이르렀지. 물론 그 배후에는 조정 대신들이 있다하여 대부 오사(伍奢)가 문초를 받게 되었는데, 일이 이 지경이 되자 태자는 겁이 나 송나라로 도망가 버렸어.

사태가 너무 크게 번지자 비무기는 안되겠다 싶었던지 이 기회에 오사를 위시한 아들들, 즉 오상(伍尙)과 오자서(伍子胥)를 함께 죽이기로 작정하고 왕을 꼬여 '자진해서 출두하면 아비를 살려줄 것이나 그렇지 않으면 아비를 죽인다' 는 방을 붙이게 돼.

큰아들 오상은 죽을 결심을 하고 평왕 앞에 나타났으나 작은아들 오자서는 후일을 기약하며 외국으로 망명하게 되지. 안타깝게도 오상은 예상대로 부친과 함께 처형을 당하게 돼.

한편 오자서는 정나라를 거쳐 오나라로 가게 되는데, 오자서의 눈에 비친 오나라의 정치상황이란 것이 장난이 아니더란 말이지. 한동안 예의 주시할 수밖에 없었는데, 이윽고 비장의 결심을 하게 돼. 태자 광(光)을 선택하는 것이었어. 태자 광이 야심가면서 은밀히 자객을 찾고 있다는 사실을 알아냈기 때문이었지. 물론 전제(專諸)라는 자객까지 알선해 주었어.

그리고 아무런 일에도 관심이 없다는 듯 초야에 묻혀 지내기를 6년.

마침내 태자 광이 요왕을 암살하고 왕이 되는데, 이가 바로 유명한 오왕 합려(闔閭)야.

오왕 합려의 전폭적인 신임을 등에 업고 오자서는 꿈에 그리던 초나라 정벌에 나서게 되었지. 허나 이미 원수인 평왕이나 비무기는 죽고 꿩 아니면 닭이라는 심정으로 찾던 당시 초나라 임금인 소왕은 이미 도망간 상태였어.

　원한에 북받쳐 있던 오자서는 평왕의 무덤을 파헤쳐 그 뼈
에다 곤장 300대를 가하는 포악을 행하게 되지. 그러자 이
소식을 전해들은 옛친구 신포서가 아무리 원한에 사무쳐 한
행동이더라도 너무 심하다고 질책하는데 이에 대한 오자서
의 대답이 바로 이 고사성어야.

연빈 〉 이런 경우에는 참 무어라 할 말이 없어. 친구 신포서의 질책
　　　에 대한 오자서의 '일모도원'이라는 대답 또한 느낌이 쉽게
　　　오지 않고….
아빠 〉 아, 그거! '자기는 이미 늙었는데 아직도 해야될 일은 많으니
　　　어느 겨를에 이치니 도리니 하는 것들을 따를 수 있겠는가?'
　　　라는 일종의 항변이라고 볼 수 있겠는데, 아마 오자서 본인도
　　　그렇게 밖에 말할 수 없는 자신이 몹시 슬펐을 거야.
　　　다음은 오왕 합려 이후의 이야기에 관계된 '와신상담(臥薪嘗
　　　膽)'

와신상담 臥薪嘗膽

| 엎드릴 와 | 섶나무 신 | 맛볼 상 | 쓸개 담 /
| 목적을 달성하기 위해 온갖 고난을 참고 견딤의 비유 |

연빈 〉 이것도 많이 들어본 말이야. '복수하기 위해 자나깨나 그 수
치스러움을 잊지 않고 기억한다' 는 의미잖아?

아빠 〉 그렇지. 글자대로 본다면 와신[(臥薪 ; 땔나무에 누워 잠자면서 (원한
을 잊지 않으려 애쓰고)]과 상담[(嘗膽 ; 쓸개즙을 씹어가면서 (원한을 잊
지 않으려 애쓰다)]이 합해져서 이루어진 말이지.

연빈 〉 역시 고사가 있겠네.

아빠 〉 물론이지. 사마천의 『사기』「월세가(越世家)」편에 나오는데, 다
른 고사성어들과는 달리 다음과 같이 두 사건이 함께 어울려
이루어진 고사성어야.

'일모도원' 이라는 고사에 등장하는 오왕 합려가 월(越)나
라 왕 구천(句踐)과의 전투에서 패해 목숨을 잃게 되는 때가
BC 496년, 지금으로부터 어언 2500년 전의 일이야.

이 합려는 죽으면서 아들 부차(夫差)에게 자기의 원수를 갚아줄 것을 부탁하는데, 이 유언을 지키려는 부차의 몸부림은 실로 눈물겨웠지.

밤마다 울퉁불퉁하고 딱딱한 땔나무 장작을 깔고 누워 복수심을 불태웠고, 자기의 처소에 드나드는 사람들로 하여금 매번 "내 아들 부차야! 너의 아비를 죽인 월의 구천을 잊지 말거라!" 외치게 하고 자기는 "그럼요. 잊지 않고 있습니다. 3년 안에 반드시 원수를 갚겠습니다." 대답했지. 물론 부지런히 무공을 닦고 군사를 조련하는 일도 게을리 하지 않았지.

지성이면 감천이라고 복수의 순간은 의외로 이상하게 찾아왔어. 이런 부차의 사정을 알게 된 월왕 구천이 조바심이 나서 군사를 일으키게 된 거야. 더 커지기 전에 아주 없애버리려는 심산이었겠지만 충신 범려(范蠡)도 충고했던 것처럼 때가 아니었던 거야.

구천은 복수심에 불타는 오나라 군사를 당할 수 없었지. 나라를 포기하고 오왕의 신하가 된다는 조건으로 항복한 후에야 목숨을 구하게 되는데 여기까지가 '와신(臥薪)의 고사'.

사실 패한 구천은 자결하려고 했지. 그러나 복수도 목숨이 붙어있어야 가능하다는 범려의 눈물어린 충고를 듣고 잠시 목숨 끊기를 보류했다고나 할까? 여하간 그 후 완전히 딴 사람이 된 월왕 구천의 복수에의 집념은 '와신'으로 표현되는 부차의 그것보다 한 수 더 높았지.

소나 돼지의 쓸개를 핥으며 복수에의 결의를 다지고, 손수 밭 갈고 김을 매는 것은 물론 부인까지 손수 베를 짜 검소한 의복을 입었지. 아랫사람들의 충고를 듣게된 것은 물론이고.

　이런 구천에게 복수의 기회가 오지 않을 수 없었겠지. 하지만 복수란 쉬운 일이 아닌지라 항복한지 12년이 지나 일시적인 우세를 점하고, 다시 4년 후 크게 무찌르게 되고 나서도 다시 2년이 지나서야 완전한 복수를 하게 되는데 이 때까지가 '상담(嘗膽)의 고사'.

연빈 〉 와, 한 편의 긴 소설 같아.

아빠 〉 그렇지? 복수를 위한 것이라는 게 좀 마음에 걸리지만 여하간 어떤 일을 할라치면 부차나 구천 같은 독한 마음도 때론 필요할 거야.
　다음은 내용이 약간 기분 나쁠 수도 있는 '지록위마(指鹿爲馬)'

· 절치액완 (切齒扼腕 ; 갈 절, 이빨 치, 누를 액, 팔 완)

지록위마 指鹿爲馬

| 가리킬 지 | 사슴 록 | 할 위 | 말 마 / **윗사람을 농락하고 권세를 함부로 부림을 비유** |

연빈 〉 '사슴(鹿 사슴 록)을 가리켜(指 가리킬 지) 말(馬 말 마)이라 한다(爲 할 위)'. 간단하네. 그런데 내용은 말도 안되네.

아빠 〉 바로 그 '말도 안 된다' 는 말이 바로 '지록위마' 야. 해석뿐만 아니라 '어떤 사실을 억지로 속이려한다' 는 의미 또한 별로 어려울 것이 없지만 사마천의 『사기』「진시황본기(秦始皇本紀)」에 나오는 고사를 보게되면 인간의 욕심이 얼마나 무섭고 허무한지를 알게 되지.

영원히 죽지 않을 것 같았던 진시황이 죽었다.

태자 부소(扶蘇)를 후계자로 삼고 싶어했지만 현명한 왕이 필요치 않았던 재상인 이사나 환관인 조고 등은 유지를 위조해 가면서까지 동생 호해(胡亥)를 왕위에 앉힌다.

"짐은 천하의 쾌락이란 쾌락은 전부 갖다놓고 그 속에서

일생을 보내고 싶다.”

즉위하자 했다는 말을 보면 개인의 됨됨이는 고사하고 진나라도 이제 끝났다는 느낌이다.

본래 시원치 않은 놈인데 시원치 않은 짓거리까지 한다니 괜찮은 생각을 갖지 않은 놈들은 그야말로 신날 수밖에 없었는데 그 선두주자가 바로 환관 조고(趙高).

그 조고가 호해의 마음을 완전히 사로잡을 만한 맞장구를 친다.

“정말 훌륭하신 생각이옵니다. 그러려면 우선 법을 엄하게 하고 형벌을 가혹하게 해서 백성들로 하여금 법 무서운 줄을 알게 해야 합니다.

그런 다음 선제 때부터 있던 대신들을 완전히 물갈이하고 죽으라면 죽는 시늉까지 할 수 있는 새로운 인재들을 등용시킨다면 그 후에 폐하께서 하실 일이야 오직 편하게 즐기시는 일 말고 무엇이 있겠습니까?”

이 역전 홈런에 버금갈 아부성 발언으로 탄력을 받은 조고는 그야말로 승승장구, 진시황 이래로 경쟁상대였던 이사를 죽이고 대신 재상이 되기에 이른다.

그러나 욕심은 욕심을 낳는 법. 손수 황제의 자리에 앉고 싶었던 조고는 과연 대신들이 자신의 의도를 따라줄 것인가를 시험하는데, 이 ‘지록위마’는 그를 위한 일종의 시험문제였다.

어느 날, 조고가 사슴을 한 마리 잡아 호해에게 바치면서 말한다.

"폐하께 말 한 마리를 바칩니다."

"이건 분명 사슴인데 승상은 말이라 하니 어디 자세히 볼까나. 이게 사슴인가? 말인가?"

이렇게 농담조로 중얼거리며 좌우를 둘러본 황제의 행동으로 인해 대신들은 자신들의 소신을 피력할 수 없었던 반면 조고는 '사슴을 말이라 한 대신들만 죽이지 않는다' 는 음모를 성공시킬 수 있었다고 말한다면 지나친 억측일까?

연빈 〉 그 후에 조고가 황제가 되긴 되나?

아빠 〉 되지 못해. 호해를 죽이기까지는 했는데 그런 와중에 나라 곳곳이 반란으로 소란스러워져. 울며 겨자 먹기 식으로 부소의 아들인 자영에게 황위를 계승시켰는데 이 일이 도리어 화근이었지. 후에 그 자영이 조고를 죽이게 되니까.

다음은 '왕의 남자' 에 관계되는 '문전성시(門前成市)'

문전성시 門前成市

|문 문|앞 전|이룰 성|저자거리 시 / **권세가에게 찾아오는 사람이 매우 많음을 비유**|

연빈 〉 해석이야 '문(門 문 문) 앞(前 앞 전)에 시장(市 저자거리 시)이 이루어진다(成 이룰 성)'로 간단한데, 의미는 쉽게 다가오지 않아.

아빠 〉 이렇게 생각해. 문 앞이 시장처럼 복잡해지니까 우선 사람들이 많이 모여드는 것만은 분명하지. 그런데 모여드는 사람들의 생각이 뭔가 꿍꿍이가 있다.

연빈 〉 그렇지만 좋은 생각을 가지고 모여드는 경우도 있잖아?

아빠 〉 그걸 알기 위해 『한서(漢書)』「정숭전(鄭崇傳)」에 나오는 고사가 필요하지.

괜찮은 왕들이 계속 이어지는 것은 그렇게 쉬운 일만은 아닌가 보다. 애제(哀帝)!

괜찮았다고 알려진 후한의 성제(成帝)를 이은 황제인데, 나이도 어리고 본래 믿음직스럽지 못했는데 '동현(董賢)'이라 불리는 미소년들과의 유희를 즐기는 동성애자이기도 했다.

황제가 이 모양이니 나라는 당연히 외척인 부씨(할머니), 정씨(어머니) 일족의 차지였다.

많은 충신들의 충고와 간언들이 있었지만 애제에게는 그야말로 소귀에 경 읽기였는데, 충고조차 뜸해져갈 무렵 정숭(鄭崇)이라는 사람이 나섰다.

본래 이 정숭은 명문거족 출신인데다가 동생 정입이 대사마 부희와 동창인 관계로 천거되어 고관에 임명된 처지였으므로 가만히 있기만 해도 될 인물이었다. 그러나 외척의 횡포와 부패를 알게되면서 참기 어려운 날들을 보내며 차일피일 기회만을 엿보고 있었던 것이다.

처음에는 그 당당한·태도와 기품으로 인해 언뜻 귀를 기울이는 듯 하던 애제는 직간(直諫, 윗사람이나 권력자 등에게 거리낌없이 그의 잘못을 지적하여 충고하는 일)이 자신의 동성애 문제로 번지자 노골적으로 눈살을 찌푸리고 싫은 내색을 숨기지 않게 되었다.

이런 황제의 마음을 재빨리 이용하려는 자가 있었는데 그가 바로 상서령 벼슬에 있는 조창(趙昌)이었다. 오랫동안 시기 질투하던 상대에 대한 공격인지라 그의 말은 거침이 없었다.

"숭은 궐 밖의 종족들과 내통하고 있으니 경계가 필요합니다. 소신의 생각으로는 일이 발생하기 전에 단호하고 적절한 조치를 해야한다고 사료됩니다."

그 일의 사실 여부는 차치(且置, ^{내버려두고 문제삼지 않음})하고 여하간 보기 싫은 정승을 제거할 절호의 기회를 잡게 된 애제가 회심의 일격으로 하는 말에 바로 이 고사성어 '문전성시'가 쓰이고 있다.

> "너의 집 대문 앞은 마치 시장마당처럼 많은 사람이 들끓고 있다면서 !"

연빈 〉 정승은 그냥 당하기만 하나?

아빠 〉 그럴 리가 있나? '신의 대문 앞이 시장마당 같다해도 신의 마음은 물과 같습니다' 라고 단호하게 말하지. 하지만 죄를 받게 되는데, 그를 옹호했던 사예 벼슬의 손보 역시 파면되어 서인으로 강등을 당해.

여하간 애제는 '문전성시'를 '높은 자리에 있는 자가 물건과 함께 교제하려는 자를 (흑심을 품고) 끌어 모은다' 는 좋지 않은 의미로 사용한 것이 분명해.

물론 지금은 그런 좋지 않은 일을 경계하라는 의미로도 사용하지만 이렇든 저렇든 '많은 사람이 몰려든다' 는 의미인 것만은 분명해.

다음은 겉과 속이 다르다는 의미의 '양두구육(羊頭狗肉)'

동의어

- 문전여시 (門前如市 ; 문 문, 앞 전, 같을 여, 저자거리 시)
- 문정여시 (門庭如市 ; 문 문, 뜰 정, 같을 여, 저자거리 시)

양두구육 羊頭狗肉

|양 양|머리 두|개 구|고기 육 / **겉과 속이 일치하지 않음의 비유**|

연빈 〉 '양(羊 양 양) 머리(頭 머리 두)와 개(狗 개 구) 고기(肉 고기 육)'. 별거
아닐 것 같은데?

아빠 〉 그래도 명색이 고사성어인데 그렇게 간단하지만은 않겠지.
서로 다른 양 머리와 개고기를 함께 써서 말을 만들었잖아.
얼른 생각해봐도 뭔가 앞뒤가 맞지 않는 것 같지 않니?

연빈 〉 그럼 양 머리를 준다고 하고 개고기를? 참, 정육점에서 한우
라고 하고 수입 소를 준다고도 하니 양 머리를 판다고 걸어놓
고 개고기를 주는 것일 수도 있겠다.

아빠 〉 옳지, 바로 그거야. 요새말로 하면 '간판이나 포장지하고 내
용물이 다른 경우'를 말하는 것이니 '겉과 속이 다른 것'을
의미하게 된 거야. 꼭 양 머리라든가 개고기에 연연할 필요는
없어. 양 머리 역시 처음에는 마박(馬膊 ; 말의 말린 고기)이었고
고사들에서도 역시 '양 머리'가 소머리 또는 소 뼈다귀로,
'마박'이 마육 또는 구육으로 변해 사용되고 있으니까.

후한의 광무제가 그 시대 풍조를 개탄하며 내린 조서에서

> '양의 머리를 걸어놓고 말고기를 팔고 있으며, 도척이 공자의 말씀을 뇌까리고 다닌다.'

– 『후한서(後漢書)』「광무본기(光武本紀)」 –

제나라 영공은 남장 여인을 좋아했대. 그래서 궁중의 모든 여자들로 하여금 남장을 하게 하고 그들과 어울려 놀았다는 거지. 왕이 그러니 일반 백성들 또한 그런 놀음을 좋아하게 되어 제나라 온 천지의 여자들이란 여자들은 모두가 남장을 하기에 이르렀다나!

이에 놀란 왕은 부랴부랴 남장 금지령을 내리고 엄격히 통제하기 시작했대.

그러나 궁중에서 왕은 여전히 남장 여인들과의 놀음을 즐겼다는 거야. 그러니 그 금지령이 무슨 소용이 있었겠어? 여전히 저자거리에선 남장 여인들이 활개를 치며 돌아다니는 상황이었지. 화가 난 왕은 오히려 재상인 안자를 힐책했다는 거야.

"엄한 금지령을 내렸는데도 아무런 효과가 없으니 도대체 어찌된 노릇이냐?"

　이에 안자가 다음과 같이 말하는데 그 안에 이 고사성어가
나오지.

> "임금께서 안으로는 이를 묵인하면서 밖으로는 금하고 계시니,
> 즉 우수(牛首 ; 소머리)를 문에 걸어놓고 안에서는 마육(馬肉 ; 말고기)
> 를 팔고 계시니 무슨 효과가 있겠습니까?"

－『안자춘추(晏子春秋)』

연빈 〉 제나라 영공의 금지령 자체에 문제가 있다는 말인가요?

아빠 〉 그렇지. 금지령도 일종의 간판이잖아. 그 간판에 속임수가 있
　　　다면 무슨 광고효과가 있겠느냐는 말이겠지. 요즘에도 아주
　　　많이 공감되는 내용이잖아!
　　　다음은 베스트셀러와 관계가 있는 '낙양지가(洛陽紙價)'

동의어

· 양두마육 (羊頭馬肉 ; 양 양, 머리 두, 말 마, 고기 육)
· 우골마육 (牛骨馬肉 ; 소 우, 뼈 골, 말 마, 고기 육)

낙양지가 洛陽紙價

| 물 이름 락 | 볕 양 | 종이 지 | 값 가 / **책이 호평을 받아 잘 팔리는 것을 비유** |

아빠 〉 『해리포터』, 『반지의 제왕』처럼 아주 많이 팔린 책들을 뭐라 하는지 아니?

연빈 〉 베스트셀러?

아빠 〉 그래. 그 말과 같은 의미가 바로 이 '낙양지가(洛陽紙價)' 야.

연빈 〉 아, '낙양(洛陽)의 종이(紙 종이 지) 값(價 값 가)' 이니까 '책이 많이 팔려 종이 값이 많이 올랐다' 는 데서 그런 의미가 나왔나 보구나.

아빠 〉 그렇지. 『진서(晉書)』「문원전(文苑傳)」에 그에 관한 고사가 나와. 옛날이야 출판된 책이 아주 좋으면 많은 사람들이 그 내용을 베끼려고 종이를 샀기 때문에 종이 값이 오른 것으로 표현할 수밖에 없었지. 지금의 입장에서 말한다면 그게 바로 베스트셀러일 테고.

삼국시대도 끝나갈 무렵, 진(晉)나라에 날 때부터 추남인데 다가 말까지 더듬는 좌사(左思)라는 사람이 있었다. 시거든 떫 지나 말라고 했는데, 온갖 악조건을 갖춘 데다가 재주도 없 고 소심한 성격이라서 늘 외톨이였다. 그래도 죽으라는 법은 없는지 시를 짓는 재주만은 타의 추종을 불허할 지경이었다.

할 수 있는 일에 온 힘을 기울일 수밖에 없는 것이야 지극 히 당연한 법!

좌사 또한 1년을 오직 시작(詩作)에만 매달린다. 그리고는 마침내 제나라 수도 임치를 배경으로 하는 「제도부(齊都賦)」라 는 작품을 완성하게 된다.

이 작품으로 어느 정도 이름이 알려진 좌사, 낙양으로 이 사하면서 이번에는 촉나라 성도(成都), 오나라 건업(建業), 위 나라 업(鄴) 등 세나라 수도를 배경으로 하는 「삼도부(三都賦)」 의 집필을 구상한다. 그 구상 자체가 방대하고 어려운 것이 어서 당시의 유명한 작가 육기(陸機)는 "여기 어디 하늘 높은 줄 모르는 놈이 '삼도부'를 쓴다고 하는데 다 쓰면 그걸로 술 항아리나 덮어야겠다."라고 비아냥거릴 정도였다.

여하간 10년 후, 정말로 어렵게 작품을 완성하지만 알아주 는 사람이 없었다. 그러다가 우연히 당대의 저명한 시인 장 화(張華)가 이 작품을 읽게 되었다.

깜짝 놀란 장화는 이 작품에 대해 '웅대한 구상, 화려하고 다양한 생각들, 유려한 필치는 후한의 유명한 반고나 장형의 영역을 넘어서고 있다.'고 극찬을 하는데 이로 인해 좌사의 「삼도부」는 일약 귀족이나 부자들의 필독서가 된다.

그리고 당시에는 책을 읽으려면 반드시 사본을 만들어야 했기에 앞다투어 종이를 사려는 사람들로 인해 낙양의 종이 값은 하늘 높은 줄 모르고 치솟게 되었다.

연빈 〉 장화가 없었으면 큰일날 뻔했네.

아빠 〉 하하, 그럴 수도 있지. 물론 작품이 좋아서 그랬겠지만 당대 유명인의 영향력이란 대단한 거지.

너도 이 담에 아주 훌륭한 작품을 써 보도록 해라. 물론 이 고사의 주인공 좌사처럼 하나의 일에 자신의 모든 것을 다 바친다는 정신을 잊지 말고. 다음은 너무 완벽해 손볼 필요가 없다는 의미의 '천의무봉(天衣無縫)'

· 낙양지귀 (洛陽紙貴 ; 물이름 락, 볕 양, 종이 지, 귀할 귀)

천의무봉 天衣無縫

| 하늘 천 | 옷 의 | 없을 무 | 꿰맬 봉 / **시나 문장 따위가 너무나 매끄럽 게 잘 되어 흠이 없음을 비유** |

아빠 〉 연빈아, 혹시 '시성(詩聖)'이니 '시선(詩仙)'이니 하는 말을 들 어본 적 있니?

연빈 〉 있어. 시성은 시에 있어 성인의 경지였다고 하는 두보(杜甫), 시선은 시에 있어 신선의 경지였다고 하는 이백(李白)을 말하 는 거잖아.

아빠 〉 그렇지. 그 중에서도 신선에 비유됐던 이백 같은 시인을 '천 의무봉(天衣無縫)의 시인'이라고도 하지. 縫(봉)자가 '꿰맬 봉, 꿰맨 자리 봉, 바느질할 봉'인 것을 알면 그 말의 의미를 쉽 게 추측할 수 있을 거야.

연빈 〉 '하늘의 옷에는 꿰맨 자국이 없다.' 그렇다면 '인간이 한 것 이라 할 수 없는 아주 완벽한 상태'를 말하는 것이겠네.

아빠 〉 옳지. 『영괴록(靈怪錄)』이라는 아주 이상한 책에 나오는 다음 의 고사까지 보게 되면 의미가 더 확실해지지.

어느 여름날, 곽한(郭翰)이라는 사람이 평상에 벌렁 누워 더위를 피해보려 애쓰고 있었다.

그때 아스라이 먼 하늘로부터 하나의 물체가 구름처럼 그의 곁으로 사뿐히 내려앉았다.

여자! 그것도 지극히 아름다운 여자였다.

놀라움을 감추지 못하고 그가 물었다.

"누, 누구십니까?"

"하늘에서 잠시 다니러온 직녀(織女)예요."

아무렇지도 않다는 듯한 그녀의 대답에 어리둥절해진 곽한은 호기심에 가득 찬 눈으로 그녀의 금방 녹아 내릴 듯한 치맛자락과 보석을 녹여만든 듯한 의복을 멍하니 바라보았다.

그러나 이상하게도 그 어느 곳이나 실로 꿰맨 자국이 없었다. 궁금해진 곽한이 물었다.

"참으로 이상하게 이 옷에는 꿰맨 자국이 없네요."

"하늘의 옷에는 실을 사용하지 않는 답니다."

그래도 믿을 수가 없어 이곳 저곳 뚫어지게 살펴보았지만 그 어느 곳에서도 바늘자국이나 실의 흔적을 찾을 수가 없었다.

"하늘의 옷에는 바늘이나 실을 사용하지 않지요."

직녀는 오직 이 말만을 되풀이 할 뿐이었다.

그야말로 날개옷이라 할 만한 하늘의 옷을 입은 직녀는 그로부터 꼭 일년 후 하늘로 돌아갔다. 그리고 그 이후 곽한은 더 이상 그 어느 여자에게도 마음을 줄 수 없었다.

연빈 〉 아, 그래서 '글이 아주 아름답고 매끄러워 손질이 필요 없다'
또는 그런 재주나 작품을 말하는 거로구나.

아빠 〉 그렇지. 이백과 같은 시인 또는 이백의 작품을 말할 때 쓰지.
물론 지금이야 꼭 그런 경우에만 쓰는 건 아니고, 좀 완화하
여 괜찮은 상태나 작품을 칭찬해 줄 때도 많이 쓰지.
다음은 투자 중에 사람에 대한 투자가 으뜸이라는 '기화가거
(奇貨可居)'

기화가거 奇貨可居

| 기이할 기 | 재화 화 | 가할 가 | 살 거 / **좋은 기회를 기다려 큰 이익을 얻음** |

아빠 〉 奇(기이할 기), 貨(재화 화)니 '기이한 재화'. 여기까지는 별로 어렵지 않아. 그런데 다음의 말, 즉 可(가할 가), 居(거처할 거)가 합쳐진 '가거(可居)'에 대해서는 약간 신경을 써서 말을 만들어야 해.

연빈 〉 뭐 별로 어렵지 않은 것 같은데. '可'는 '…할 만하다, …해도 괜찮다'라고 해석되고 '居'는 '거처하다, 함께 하다'니까 '기이한 재화는 함께 할 만하다. 기이한 재화니까 함께 해도 괜찮다'라고 해석될 수 있을 것 같은데.

아빠 〉 야, 대단한데. 바로 맞혔어.

여기서 '기화'를 '자기에게 이득을 줄 만한 사람, 자기가 괜찮다고 찍은 사람, 자기가 보물이라고 여긴 그 무엇' 등으로 보게되면 이 '기화가거'가 '투자 중에 사람에 대한 투자가 최고'라는 의미가 된다는 것을 추측할 수가 있지.

사마천의 『사기』「여불위열전(呂不韋列傳)」에 나오는 다음의 고사를 보면 이 의미를 더욱 실감나게 느낄 수 있어.

여불위라고 하면 전국시대 말기부터 진나라 초기를 화려하게 장식한 거상이다.

요즘말로 투자에 대한 귀재로 장사에 대한 문제라면 그가 하지 못할 일은 아무 것도 없었다. 하지만 그런 그에게도 아쉬운 점은 있었으니 일정한 관직이 없어 권력을 행사할 수가 없었다는 것이다.

애초부터 권력에 대한 생각이 없었다면 별문제겠지만 마음속에는 천하를 경영하고 싶어하는 야망이 꿈틀대고 있었으니 방법을 찾긴 찾아야 했다.

그래서 찾아낸 방법이 바로 자기의 막대한 자금을 그만한 가치가 있는 사람에게 투자한다는 것이었는데, 그로 인해 선택된 인물이 바로 이인(異人)이라는 공자였다.

이인은 진나라의 실질적인 정치실세인 안국군의 서자로 당시에는 정략상 조나라에 볼모로 가있었다. 아무리 귀한 신분이라 해도 외국에 볼모로 가 있는 신세라면 그 마음의 상태가 외롭고 불안할 것이라는 판단과 그런 상태에 있는 인물이 장차 왕의 지위에 오를 가능성이 많다는 점에 착안한 여불위는 회심의 미소를 지으며 결단하게 된다.

"진기한 보물이라면 함께 해야지(奇貨可居). 잡자!"

결정했다하면 다음과 같이 일사천리로 추진해버리는, 여불위는 바로 그런 인물이었다.

안국군의 아들들은 20명이나 됐지만 총애하는 화양부인
에게는 아들이 없었다.

그래서 이인을 화양부인의 양자로 들여 후일을 도모하는
데, 그 전에 조희라는 기생을 자기가 임신시켜 이인에게 시
집보낸다는 계책.

연빈 〉 어머, 어머. 기가 막혀! 뭐 그런 사람이 다 있지? 그래서 어떻
게 됐어?

아빠 〉 모든 것이 여불위의 뜻대로 됐어. 조희가 적당한 시기에 이인
에게 시집가 아들을 낳았지. 그게 바로 '정(政)'으로 후일의
진시황이야. 여불위가 이인이나 조희의 값어치를 폭등시킨
결과 진시황이라는 이익을 통해 천하를 자기 손아귀에 넣었
다고 볼 수 있겠지.

다음은 글자는 쉽지만 의미가 복잡한 '만성풍우(滿城風雨)'

만성풍우 滿城風雨

|찰 만|성 성|바람 풍|비 우 / **끊임없이 많은 사람들의 입에 오르내림** |

연빈 〉 아빠, 정말 해석은 간단한 것 같애. '바람과 비가 성을 꽉 채운다' 라고.

아빠 〉 그렇긴 한데, 확실한 의미가 잘 잡히지 않는 말이야.

우선 『냉재야화(冷齋夜話)』에 나오는 다음과 같은 고사를 보기로 하자.

영감(靈感)!

아무 때나 막 떠올라 주면 얼마나 좋으련만 그게 마음대로 되지 않아 늘 고민인 것!

순식간에 스치는 바람과 같은 것이기에 어쩌면 더욱 소중한 그 무엇!

송나라 시절 황주 땅에 반대림(潘大臨)이라는 선비가 살았다.

어느 날, 글을 짓기 위해 고심 고심하고 있는데 벌컥 방문을 여는 사람이 있었다.

"방세, 준비됐나?"

집주인의 이 한 마디가 모처럼 떠오른 시심을 완전히 앗아
가 버렸다.

이런 일이 자주 있었던지 후일 사무일(謝無逸)이라는 친구
에게 쓴 편지에 이런 내용과 아울러 이 고사성어 '만성풍우'
가 나오고 있다.

아! 가을이네. 대자연의 풍광이 너무나 아름다워 온갖 시상이
떠오르네.

그 왔다 갔다 흔들리는 시상의 끝자락을 잡으려 한가로이 의자
에 걸터앉아 마음을 모두네.

숲 속에서 들려오는 바람과 빗소리가 순간 정신을 일깨웠네.

그래서 벽에다 글을 썼지.

滿城風雨近重陽(만성풍우근중양)

가까스로 이 한 구절을 쓰고 돌아서 다시 시심을 모두는 중이었어.

아뿔싸! 또 다시 '방세, 준비됐나?' 하는 그 목소리.

시흥은 조용히 가라앉았네.

덕분에 자네에게는 이 한 구절만 써 보낼 수밖에.

연빈 〉 그럼 '만성풍우'가 '방세를 재촉하는 집주인의 성난 목소리'
인가?

아빠 〉 글쎄, 그렇게 봐도 재미있겠다.

하지만 '성을 가득 채운 바람과 비, 즉 명절을 준비하는 여러 가지 모습들을 보니 중양절(9월 9일. 우리의 추석)이 가까웠구나' 라고 해석되잖아?

그러니 생각의 실마리는 숲 속에서 들려오는 바람과 비에서 잡았지만 사람들이 사는 모습과 연결시키고 전체적으로 가을 이라는 자연의 정취를 표현한 명문장이라 할 만하지.

그렇기 때문에 비록 한 구절이고 지금은 그 중에서도 '만성 풍우' 네 글자만 주로 사용되지만. 가을의 정취를 표현한 글 로 많은 사람들이 인용할 수밖에.

연빈 〉 그럼 이 말의 의미는 '쉬지 않고 많은 사람들의 입에 오르내 린다' 가 되는 거야?

아빠 〉 그렇지. 이런 고사성어야말로 고사를 모르고서는 정말 알기 어려운 경우지.

다음은 방문객이 없어 한산하다는 의미의 '문외작라(門外雀羅)'

동의어

· 인구회자 (人口膾炙 ; 사람 인, 입 구, 회 회, 구운고기 자)

 아빠와 함께 공부를! 고사성어 이야기

문외작라 門外雀羅

연빈 〉 '문(門 문 문) 밖에(外 바깥 외) 참새(雀 참새 작) 그물(羅 그물 라)'. 새를 잡으려고 문 밖에 그물을 쳐 놓았다는 말인가?

아빠 〉 그런 의미라면 굳이 이런 고사성어가 생겨날 리가 없었겠지! 참, 지난번에 배운 '문전성시'라는 말을 기억하니? 그 말과 의미가 반대인데.

연빈 〉 '문전성시'는 문 앞에 시장 터가 만들어질 정도로 사람들이 많이 찾아온다는 의미였는데…. 그럼, '문 밖에다 그물을 치기만 해도 쉽게 참새를 잡을 정도로 찾아오는 사람이 없어 한산하다'는 의미?

아빠 〉 바로 그거야. 다음의 고사를 보면 그 의미를 아주 절절히 느낄 수가 있어.

섬서성 하규(下邽)에 사는 적공(翟公)이 어느 해 정위라는 높은 벼슬에 오르게 되었다.

　그러자 아는 사람, 모르는 사람 할 것 없이 그의 집을 찾아오는 사람들이 구름 떼 같이 많아 그야말로 인산인해를 이룰 지경이 되었다.

　그러나 그가 정위라는 벼슬에서 해임되자 그 많던 사람들이 갑자기 발을 끊었다. 이미 한산해진 대문 밖에는 참새가 떼를 지어 놀고있어 참새를 잡는 그물을 펼 형편, 다시 말해 문 밖에 작라를 펴야만할 지경이 됐다.

　그리고 그가 얼마 안 있어 정위에 복직이 되자 다시 빈객의 무리들이 삽시간에 그의 집 문을 두드리게 되었다.

　적공은 말없이 다음과 같은 글을 써 대문에 걸게 되었다.

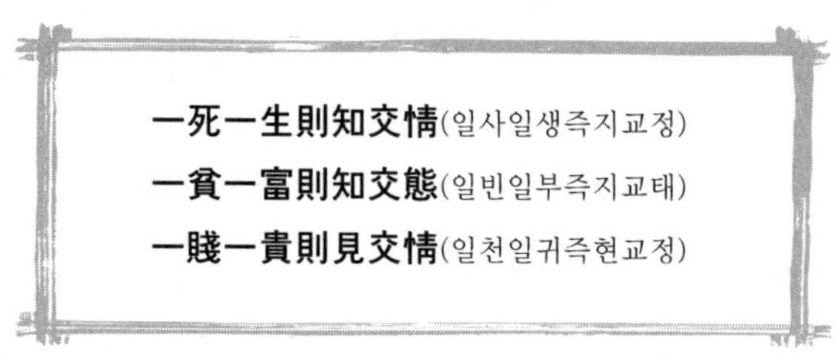

우리말로 번역해 보면

한번 죽고 한번 살아보아야만 사귄다는 것의 진면목을 알 수 있고
한번 가난해지고 한번 부유해져봐야 사귄다는 것의 진정한 모습을 알 수 있고
한번 천해지고 한번 귀해져봐야 사귄다는 것의 진면목이 나타나는 법이로다!

연빈 〉 적공이 되게 서운했었나보네.

아빠 〉 서운한 감정을 넘어 분노를 느꼈겠지.

그러나 사람의 정이란 보통 자신의 이익을 따라 움직이기 때문에 남과 사귀는 데 있어서도 반드시 이익을 고려하게 되지.

자신에게 이익이 없다고 판단하게 되면 그렇게 뻔질나게 드나들던 집에도 일절 발걸음을 하지 않게 되는 법이거든.

그 정도가 얼마나 심했으면 '정승 집 개가 죽으면 문상을 가도 정승이 죽으면 문상을 가지 않는다' 는 말이 있겠냐?

연빈 〉 왜? 정승이 죽었을 때 문상을 가야 되는 거잖아?

아빠 〉 이익을 줄 수 있는 대상이 죽었는데 문상을 뭐 하러 가겠냐? 안 그래?

다음은 지조 없이 세태에 편승이나 한다는 '곡학아세(曲學阿世)'

· 문전작라 (門前雀羅 ; 문 문, 앞 전, 참새 작, 그물 라)

곡학아세 曲學阿世

| 굽을 곡 | 배울 학 | 아부할 아 | 세상 세 /
| 배운 학문을 왜곡하여 세상에 아부하며 출세하려는 태도나 행동을 이르는 말 |

연빈 〉 배운 것(學 배울 학)을 구부려(曲 굽을 곡) 세상(世 인간 세, 세상 세)에 아부하다(阿 아부할 아). 이 말은 많이 들어봤어. '배운 대로 소신껏 자기의 뜻을 펼 일이지 세상에 아부하지 말라'는 의미라고 선생님이 여러 번 말씀해 주셨어.

아빠 〉 그래? 정확해서 아빠가 굳이 덧붙일 말이 없구나.

사마천의 『사기』「유림열전(儒林列傳)」에 나오는 다음의 고사를 말해 주는 것 말고는.

전한(前漢) 4대 황제 경제(景帝)는 즉위하자마자 널리 숨은 인재들을 불러모으기 시작했지. 부름을 받은 수많은 인재들 중에는 원고생(轅固生)이라는 90이 된 노인도 끼어있었어.

백발을 휘날리며 '결코 젊은 놈들에게 질 수 없다'는 패기를 불태우며 조정에 들어온 이 인물은 산동 지방에서는 이미 알만한 사람은 다 아는 시의 달인이었지. 성격이 대쪽같아 바른 말을 참지 못하고 한 번 주장하면 물러서는 법이 없어 '直言一徹居士(직언일철거사)'라고 불리고 있던 이 인물의 등장은 조정에 회오리를 불러오게 되었어.

기회주의, 적당주의에 물들어 있던 인사들이 모함하기 시작했던 거야.

그러나 경제는 아랑곳없이 이 늙은 선비의 편을 끝까지 들어주어 그야말로 죽을 때까지 자신의 곁에 두게 돼.

한편 원고생과 함께 부름을 받은 인물로 같은 산동 출신인 공손홍(公孫弘)이라는 인물이 있었어. 패기에 넘친 소장 학자로 천하에 이름이 자자한 원고생을 알고는 있었지만 세대차도 나고 특히 그 성격이 마음에 들지 않아 '저승길이 멀지 않은 늙은이가 세상을 알면 얼마나 알 것인가?' 하면서 탐탁하게 여기지 않았지.

원고생 역시 나 몰라라 하며 지냈는데, 우연히 둘 만이 마주하는 기회가 온 거야. 그러자 원고생이 진심 어린 충고를 하게 되는데 '곡학아세'라는 고사성어는 바로 그 말 가운데 나오고 있어.

연빈 〉 참 대단하신 분이네. 그런데 공손홍이라는 사람은 원고생을 탐탁하게 여기지 않았다는데 그 충고를 듣고 반응이 어땠어?

아빠 〉 어떤 경우든 진심 어린 충고는 통하는 법이잖아. 원고생의 인격과 탁월한 학식에 감복해서 스스로 부끄러움을 깨닫고 즉석에서 제자가 되었다고 해. 고수가 고수를 알아본 걸까?

다음은 지나친 의심을 경계하라는 '의심암귀(疑心暗鬼)'

의심암귀 疑心暗鬼

| 의심할 의 | 마음 심 | 어두울 암 | 귀신 귀 / **남을 의심하면 판단의 핵심을 잃음** |

연빈 〉 의심(疑 의심할 의, 心 마음 심)은 어두운(暗 어두울 암) 귀신(鬼 귀신 귀). 뭐 이래? 별로 어려운 느낌은 안 드는데 말을 만들 수가 없어.

아빠 〉 '의심생암귀(疑心生暗鬼 ; 의심은 암귀를 낳는다)'로 하면 어떨까? 사실 그렇게 더 많이 사용해.

연빈 〉 '너무 의심하면 밝지 못한 귀신, 다시 말하면 현명하지 못한 어떤 상태가 된다' 는 의미가 아닐까?

아빠 〉 제대로 잡았구나. 바로 선입견을 갖게되면(지나친 의심을 하면) 판단을 그르친다(제대로 판단하지 못하게 된다)는 의미야. 다음과 같은 여러 고사들을 보면 그 의미를 한층 더 정확히 알 수 있지.

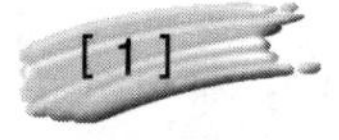

[1]

어떤 농부가 도끼를 잃었다. 필시 누군가 훔쳐갔을 거라 여기고 곰곰이 생각해 보니 이웃집 젊은이가 의심스러웠다. 지난 번 만났을 때 안절부절 하던 모습도 어쩐지 평소와 달랐던 것 같고 왠지 불안해 지레 외면하고 달아났던 것도 같았다.

날이 갈수록 그 젊은이에 대한 의심은 깊어만 갔다.

그러던 어느 날, 혹시 나무하던 그 산골짜기에 두고 온 게 아닐까라는 생각이 문득 들어 농부는 부리나케 그곳으로 가 보았다. 아뿔싸! 도끼는 그 곳에 있는 게 아닌가?

도끼를 찾고 나자 그렇게 의심스럽게 보이던 이웃집 젊은 이에게서 거짓말처럼 미심쩍은 데가 하나도 없어 보이더라 는 이야기.

－『열자(列子)』「설부(說符)」－

[2]

어떤 집 오동나무가 말라죽었다. 그 말라죽은 오동나무를 보고 이웃집 사람이 충고했다.

주인은 지체없이 오동나무를 도끼로 잘라냈다. 장작으로 나 쓰려고 생각하고 있는데 충고한 그 이웃집 사람이 자기에게 달라고 하는 것이 아닌가?

그 말에 주인은 불현듯 화가 치밀면서 생각이 드는 것이었다.

— 『열자(列子)』「설부(說符)」—

연빈 〉 '화장실 갈 때 마음 다르고 나올 때 마음 다르다'고 농부의
생각이야 그렇다 하더라도 이웃집 사람의 경우는 나쁜 의도
가 아닐 수도 있잖아?

아빠 〉 그렇지. 나쁜 의도로 그랬다면 말할 필요도 없지만, 좋은 의
도였다면 친절한 참견이 상대방의 '의심암귀'에 걸려 애매한
혐의와 욕을 먹은 꼴이 된 거지.
그야말로 '의심암귀'에 대한 더 할 나위 없이 적절한 예라고
할 수 있겠지.
다음은 어떤 일의 핵심을 완성한다는 '화룡점정(畵龍點睛)'

화룡점정 畵龍點睛

|그림 화|용 룡|점 점|눈동자 정 /
|어떤 일에서 최종의 중요한 부분을 마무리함으로써 그 일이 완
성되는 것 |

연빈 〉 이 말도 많이 들어봤어. '용(龍 용 용)을 그리고(畵 그릴 화) 눈동
자(睛 눈동자 정)를 점찍다(點 점 점)'로 '중요한 마지막 마무리를
하다'는 의미야.

아빠 〉 그렇지. 너무 많이 알려진 말이지. 우선 『수형기(水衡記)』라는
책에 나오는 다음의 고사를 보기로 하자.

유비로 대표되는 삼국시대가 조조의 위(魏)를 대신한 사마
씨의 진(晉)에 의해 통일되지만 그 진은 오래가지 못한다.
본래의 영토인 양자강 북쪽은 '오호
(五胡)'라 불리는 다섯 족속의 오랑캐
와 한족이 뒤섞여 혼미를 거듭하게
되는 이른바 오호십육국시대, 그리고
이어지는 북조(北朝)시대를 맞이하고, 오호

에 밀려 금릉(金陵 ; 지금의 남경)으로 도읍을 옮긴 이른바 '동진 (東晉)'은 곧 망하고 이어 무수한 나라들이 흥망을 계속하게 되는 남조(南朝)시대를 맞이하게 되기 때문인데, 이 둘을 합쳐 흔히 역사가들은 남북조시대라 부른다.

그 남북조시대 남조의 양(梁)나라에 장승요(張僧繇)라는 사람이 있었다. 우군장군 등의 벼슬을 지낸 것을 보면 벼슬 운도 괜찮았던 것 같지만 보통은 화가로 더 알려진 인물이다.

그림 실력에 대해서는 어느 정자의 벽에 커다란 소나무를 그려놓았더니 새들이 진짜 소나무인줄 알고 몰려와 앉으려다 벽에 부딪쳐 죽었다는 말이 전해질 정도였다.

그 장승요가 한 번은 금릉에 있는 안락사(安樂寺)라는 절의 벽에 용 두 마리를 그리게 되었다. 용들은 그야말로 하늘로 금방 솟아오를 듯한 웅장한 자태를 뽐내고 있었지만 괴이하게도 눈에 눈동자가 없었다. 당연히 그 이유에 대해 왈가왈부 말들이 많아지게 되었는데 너무나 많은 질문에 지친 장승요는 그 이유를 다음과 같이 설명했다.

"내가 눈동자를 그려 넣으면 용은 벽을 뚫고 하늘로 올라갈 텐데 어찌 눈동자를 그려 넣을 수 있겠는가?"

이 설명 또한 너무나 불가사의해 사람들의 조롱과 논란을 가중시키는 결과만 초래하게 되었다. 아예 찬반논란을 넘어

'눈동자를 반드시 그려 넣어야 한다'는 무언의 압력이 노골
적으로 행해지기까지 했다. 할 수 없이 장승요는 그 중 한 마
리에 눈동자를 그려 넣었다.

바로 그 순간 천지를 가르는 뇌성번개가 일면서 용 한 마
리가 벽을 뚫고 하늘로 치솟았다.

한참 후 정신을 수습한 많은 사람들의 눈앞에 남겨진 것은
오직 눈동자가 없는 한 마리의 용이었다.

연빈 〉 아! 그래서 '화룡점정'이 '어떤 일의 핵심이 되는 마무리를
　　　하다, 또는 완성시킨다'는 의미였구나. 그런데 용이 눈동자
　　　를 그리자 정말로 날아갔을까?
아빠 〉 예끼 녀석, 날아갔는지가 뭐가 중요해? 그 의미만 정확히 알
　　　면 되지.
　　　그건 그렇고 본래는 문장이나 예술작품의 경우에 쓰이던 말
　　　이었어. 물론 지금은 모든 일, 상황에 널리 사용되지만.
　　　그렇다보니 거꾸로 용을 그리고 눈동자를 빠뜨렸다는 것은
　　　전체적으로는 괜찮은데 가장 주요한 핵심이 빠졌다는 의미가
　　　되지.
　　　다음은 우리가 흔히 가을에 대한 대명사로 알고 있는 '천고
　　　마비(天高馬肥)'

천고마비 天高馬肥

| 하늘 천 | 높을 고 | 말 마 | 살찔 비 / **하늘이 맑고 오곡백과가 무르익는 가을을 비유** |

연빈 〉 여름방학 지나고 나면 지겹게 듣는 말이잖아! '하늘(天 하늘 천) 은 높고(高 높을 고) 말(馬 말 마)은 살찌다(肥 살찔 비)'로 해석되는 '독서하기에 좋은 가을'의 의미. 이런 고사성어만 나오면 누 워서 떡 먹기일텐데.

아빠 〉 그래? 과연 그럴까?

연빈 〉 아빠의 그 말은 무슨 의미야? 내가 말한 게 틀렸다는 거야?

아빠 〉 틀렸다고 볼 수도 없겠지. 지금이야 단순히 '가을'의 의미로 사용하고 있으니까.

그러나 본래는 '가을의 특징을 말함으로 변방에 근무하는 친 구에게 변방의 사정, 즉 흉노의 침범을 알려준다'는 의미가 있었지. 그 이유는 흉노들 때문이었는데 『한서(漢書)』「흉노전 (匈奴傳)」을 보면 그와 같은 사정을 알 수 있어.

흉노(匈奴)라고 하면 대략 2000년 동안이나 한족을 괴롭혔고 서방으로 이동하여 게르만족의 민족이동을 유발시켜 로마를 완전히 멸망케 한 장본인들이다.

애물단지였던 이 흉노를 막기 위해 진시황은 만리장성을 쌓았고 한나라 때는 정벌도 했지만 주로 미인이나 왕녀를 보내는 회유책을 썼는데, 이태백의 시에 나오는 왕소군(王昭君) 이야기는 그 시대 흉노가 얼마나 큰 두통거리였던 가를 알려주는 단적인 예라 할 것이다.

흉노들은 일정한 지역에 한하지 않았다. 거의 중국 전역을 상대로 말을 타고 바람처럼 공격하고 달아나는 수법을 썼기 때문에 방비 자체가 거의 불가능할 정도였다.

특히 가을이 되면 여름내 풀을 배부르게 먹은 말들은 살이 오를 대로 오르게 되는 반면 초원의 풀들은 모두 메말라간다. 흉노의 입장에서는 겨울 양식을 준비해야 하는 시기인 것이다. 해서 그들은 바람처럼 이곳 저곳을 누비게 된다.

한편 그 반대인 한나라 군사의 입장에선 이 흉노의 가을 침공을 방비해야만 했는데, 가장 골치 아픈 지역이 바로 수천리를 두고 이어지는 변방, 즉 국경 지역이었다.

"그놈의 흉노들이 또 몰려오겠지."

하늘이 높아지고 말이 살찌는 계절, 즉 가을이 되면 흉노는 공격을 준비하느라 한나라 병사들은 방비를 준비하느라 여하간 변방 지역은 야단법석이기 마련이었다.

그래서 『한서』「흉노전」에는 '가을이 되면 말이 살찌고 활 쏘기가 강화된다' 는 기록이 보일 정도였다.

연빈 〉 그럼 본래대로 한다면 '천고마비'의 계절에는 독서는 꿈도
꾸지 못할 일이잖아. 흉노는 흉노대로 한나라 군사는 한나라
군사대로 전투 준비에 여념이 없을 테니까. 그럼 가을엔 독서
하지 말고 전투를 피해 단풍놀이나 가야하나?

아빠 〉 어라, 이 녀석이 이제는 제법 능청을 다 떨 정도네. 너스레 떠
는 모양새는 좀 그래도 고사성어에 대해 나름대로 일가견이
생긴 것 같아 아빠는 기분이 좋은데!
여하간 유래가 어떻든 지금은 '천고마비'가 '독서하기 좋은
가을'의 의미인 것은 분명하지. 다음은 책이 아주 많다는 의
미의 '한우충동(汗牛充棟)'

· 추고마비 (秋高馬肥 ; 가을 추, 높을 고, 말 마, 살찔 비)
· 등화가친 (燈火可親 ; 등불 등, 불 화, 괜찮을 가, 친할 친)

한우충동 汗牛充棟

|땀 한|소 우|채울 충|기둥 동 / **책이 매우 많음을 비유**|

연빈 〉 참, 도서관 벽에 이 말이 붙어있어 아빠한테 몇 번이고 물어
보려고 했는데!

아빠 〉 우선 글자부터 살펴보자. 汗(땀 한), 牛(소 우), 充(채울 충), 棟(기
둥 동). 어때? 말을 만들 수 있겠어?

연빈 〉 소를 땀나게 하고 기둥을 채우다? 아! 소가 끄는 마차에 실으
면 소가 삐질 삐질 땀을 흘릴 정도로 분량이 많고, 집의 기둥
은 위로 쭉 올라가 있으니 그 기둥을(사방의 기둥으로 보면 그 공간
을) 꽉 채울 정도로(그냥 기둥으로 보면 쭉 뻗어 올라간 기둥 꼭대기까
지 채울 정도로) '책이 많다'는 의미가 될 수 있겠네.

그렇다면 도서관에 이 말이 붙어있는 것은 당연하겠군.

아빠 〉 기가 막히게 맞혔다. 아주 정확해. 하지만 이 고사성어의 유
래가 되는 유종원(柳宗元)이라는 시인의 「陸文通先生墓表(육문
통선생묘표)」에서는 어감이 약간 달라. 한 번 느껴 봐.

유종원이 지은 「陸文通先生墓表(육문통선생묘표)」의 대략 내용.

『춘추(春秋)』가 지어진 것은 대략 1500년 전이다.

그 동안 『춘추』에 대해 주석을 붙인 사람이 다섯인데 지금은 세 사람의 것만 통용되고 있다. 아주 쓸 만한 것이 그렇다는 것이지 이것저것 온갖 주석들을 모을라치면 그 수는 헤아릴 수 없이 많다.

그들이 지은 책을 집에 두면 필경 대들보에까지 닿을 것이고 수레에 싣는다면 소들이 땀을 흘릴 정도일 것이다.

연빈 〉 분명히 많긴 많다는 건데 그 의도가 왠지 좀 심상치 않은데.

아빠 〉 그렇지? 『춘추』는 춘추시대의 역사를 기록한 책인데, 그 속에 후세에 '춘추필법'이라 전해지는 공자의 일정한 원칙과 철학을 담았다고 해서 더욱 유명해졌지.

그래서 그런지 『춘추』에 대해 주석을 다는 일은 쉽게 할 수 있는 일이 아니라는 기본 생각은 분명했지만 그런 만큼 책 읽는 사람이라면 『춘추』에 대해 주석을 달고 싶어하는 염원은 누구나 있었겠지.

그런 세월이 1500년이니 막말로 개나 소나 자신의 역량을 따지지 않고 『춘추』에 대해 달아놓은 책들의 양이 엄청나지 않았겠어? 「陸文通先生墓表(육문통선생묘표)」에서는 그런 점을 은근히 비꼬는 '쓸모 없는 많은 책'이라는 의미로 사용한 것일 뿐인데 지금은 '쓸모 없는'이라는 말이 없어지고 '많은 양의 책'이라는 의미로만 쓰이게 된 것이지.

어이없는 경우랄 수도 있겠지만 많은 양이 있어야 그 중에 괜찮은 것도 있을 가능성이 많다는 점을 생각한다면 여하간 우선은 우리도 많이 읽고 많이 써야 되지 않을까?